ADucation

ADUC

**Walter Longo,
Flávio Tavares e
Kiko Kislansky**

*O poder da
publicidade se une
ao propósito
da educação*

A
AGIR

Copyright © 2023 by Walter Longo, Flávio Tavares, Kiko Kislansky

Direitos de edição da obra em língua portuguesa no Brasil adquiridos pela AGIR, selo da EDITORA NOVA FRONTEIRA PARTICIPAÇÕES S.A. Todos os direitos reservados. Nenhuma parte desta obra pode ser apropriada e estocada em sistema de banco de dados ou processo similar, em qualquer forma ou meio, seja eletrônico, de fotocópia, gravação etc., sem a permissão do detentor do copirraite.

EDITORA NOVA FRONTEIRA PARTICIPAÇÕES S.A.
Av. Rio Branco, 115 — Salas 1201 a 1205 — Centro — 20040-004
Rio de Janeiro — RJ — Brasil
Tel.: (21) 3882-8200

Dados Internacionais de Catalogação na Publicação (CIP)

L856a Longo, Walter
ADucation: o poder da publicidade se une ao propósito da educação/ Walter Longo, Flávio Tavares, Kiko Kislansky. – 1.ª ed. – Rio de Janeiro: Agir, 2023.
192 p.; 15,5 x 23 cm

ISBN: 978-65-5837-168-7

1. Publicidade. 2. Educação. I. Tavares, Flávio. II. Kislansky, Kiko. III. Título.
CDD: 659.3
CDU: 659.3

André Queiroz – CRB-4/2242

CONHEÇA OUTROS LIVROS DA EDITORA:

A verdadeira aprendizagem chega ao coração do que significa ser humano. Através da aprendizagem, nos recriamos. Através da aprendizagem, tornamo-nos capazes de fazer algo que nunca fomos capazes de fazer. Através da aprendizagem, percebemos novamente o mundo e nossa relação com ele.

Peter Senge

Sumário

Introdução
Publicidade e educação,
o casamento do século   8

Capítulo 1
A educação de volta
para o futuro   20

Capítulo 2
O verdadeiro sentido
da publicidade   44

Capítulo 3
O universo do propósito   72

Capítulo 4
Ao redor da fogueira   116

Capítulo 5
O ADucation na prática   140

Epílogo
Manifesto ADucation   182

INTRODUÇÃO

Publicidade e educação, o casamento do século

É muito comum dividirmos nossas vidas em quatro fases bem delineadas: infância, juventude, maturidade e terceira idade. E, um tanto inconscientemente, entendemos que temos missões muito específicas e imutáveis em cada uma dessas etapas — como se tudo já estivesse pré-programado em nossos genes.

Na infância brincamos e começamos a decifrar a realidade à nossa volta. É a época do arrebatamento. Depois, na juventude, tempo de descobertas e de sonhos, estudamos e aprendemos sobre o mundo. Em seguida, na maturidade, a idade adulta, trabalhamos e fincamos nossas bases na sociedade — podemos nos casar, ter filhos, comprar uma casa, fazer investimentos. Construímos um legado. E então, na terceira idade, ou velhice, nos aposentamos: é chegada a hora de usufruirmos de um merecido descanso após tantos e tantos anos no batente.

Por muito tempo esse ciclo rígido e hermético foi de fato a realidade de praticamente todas as pessoas. A escola e a faculdade estavam ali para nos preparar para o trabalho. Via de regra, as pessoas viam a infância e a juventude como etapas em que precisávamos aprender aquilo que colocaríamos em prática na vida adulta. Voltar a estudar depois de mais velho era invariavelmente encarado como um sinal de fracasso.

Mas o mundo mudou. Agora nos divertimos, estudamos, trabalhamos e descansamos em todas as fases da vida. Às vezes estudamos enquanto nos divertimos, descansamos enquanto trabalhamos e trabalhamos enquanto estudamos. Tudo junto e misturado. E vice-versa.

Podemos estar no escritório terminando de ver um episódio de uma série na Netflix e depois chegar em casa para lançar dados numa planilha de Excel, montar uma apresentação em PPT, terminar de escrever um artigo ou simplesmente estudar. Em muitas profissões não há nada que nos proíba de usar o domingo para resolver uma pendência profissional e, em plena segunda-feira, ir à praia e ficar lendo um bom livro embaixo do guarda-sol.

Mais do que tudo isso, como nunca havia acontecido antes, temos a possibilidade de nos reinventar profissionalmente a qualquer hora, em qualquer lugar, em qualquer idade — ou, como dizíamos antigamente, em qualquer fase da vida. O próprio termo "velhice" está mais do que superado: aos sessenta, setenta, oitenta e além, levando uma vida ativa e saudável (em termos de corpo e mente), não deveríamos ter qualquer impedimento para dar continuidade às descobertas e aprendizados da juventude.

É fundamental, portanto, que hoje vejamos a evolução pessoal e profissional como uma capacidade de esculpir-se a si mesmo. É absolutamente viável — e, em certos casos, simplesmente vital — termos uma carreira aos vinte, outra aos quarenta e uma terceira aos sessenta. E elas podem ser completamente diferentes entre si. Por exemplo: primeiro médico, depois designer e então cervejeiro (ou em qualquer ordem). Para isso, é lógico, é necessário aprendermos, aprendermos de novo e continuarmos aprendendo, sempre.

> É fundamental, portanto, que hoje vejamos a evolução pessoal e profissional como uma capacidade de esculpir-se a si mesmo.

O que acontece é que atualmente, e cada vez mais, uma pessoa aprende aquilo que quer na hora em que tem vontade ou sente necessidade. E assim será ao longo de toda a sua trajetória: trata-se de uma mudança permanente. Nada disso, entretanto, tem a ver com o tal do "novo normal" de que tanto ouvimos falar nos últimos anos. Até porque faz um bom tempo que o mundo não está nem um pouco normal.

Para começar, o conceito de "normalidade" é impreciso, mutável, subjetivo. O normal, a nosso ver, está mais relacionado ao *que você é* e, principalmente, ao *que você quer ser* do que àquilo que a sociedade diz *que você deve fazer*.

Pois o *ser* está intimamente conectado ao *aprender*. Somos aquilo que aprendemos e precisamos constantemente *aprender a ser*. O mundo mudou e continua mudando, agora mesmo, enquanto você lê este livro, e cada vez mais rápido. É impossível dizer que alguém de fato sabe alguma coisa, porque o que você sabia ontem talvez já não seja mais válido hoje. Temos que aprender e reaprender — e aprender e reaprender *a ser* — em meio a incessantes transformações.

A educação formal, porém, não mudou na mesma velocidade. A escola, como instituição, por mais importante e bem-intencionada que seja, não nos prepara para a vida no mundo atual. É um modelo que, em sua melhor forma, nos ensina a *saber* — mas, raramente, a *ser*. Quando tudo dá certo, saímos da escola com todas as respostas na ponta da língua. Porém... respostas de quê? Sobre o quê? Para quem? Para quê?

O modelo de educação que buscamos com este livro não é baseado em respostas, mas em perguntas. Quatrocentos anos antes de Cristo, na Grécia Antiga, Sócrates já dizia saber apenas uma coisa: que nada sabia. "Sábio é aquele que conhece os limites da própria ignorância", completou. É em suas palavras que, neste século XXI, 2,5 mil anos depois, devemos nos espelhar se quisermos recalcular a rota da educação contemporânea.

O aprendizado nada mais é que a busca incansável por conhecimento, embora não se trate de simplesmente *receber* conhecimento — sendo *busca* a palavra central nessa definição. No caminho do aprendizado devemos formular novas perguntas a cada resposta obtida. Só assim é possível crescer: nada além da dúvida e da curiosidade é capaz de nos impulsionar como profissionais e seres humanos. O verdadeiro sábio não é quem acredita ter todas as respostas, mas aquele que sempre tem mais perguntas a fazer.

Não se trata, então, do que querem nos ensinar, e sim do que desejamos aprender. O aprendizado só é verdadeiro quando existe uma necessidade genuína, um interesse sincero em descobrir, conhecer e compartilhar aquilo que se descobriu e conheceu. Por outro lado, um modelo no qual as pessoas são forçadas a aprender não o que *desejam*, mas, baseado em um senso comum, o que *precisam*, resultou em uma educação formal desconectada por completo do mundo real.

Como afirmou Alvin Toffler, economista e escritor que previu a revolução digital, "os analfabetos do século XXI não serão aqueles que não sabem ler e escrever, mas aqueles que não sabem aprender, desaprender e reaprender". O futuro pertence a quem entende que o aprendizado constante é a chave para a prosperidade. E falamos aqui tanto de indivíduos quanto de empresas e marcas. Em paralelo a tudo isso, surge a inteligência artificial, que nos tira dos "tempos de mudança" representados pela era digital e nos coloca numa nova era, pós-digital, de uma "mudança de tempo".

Transformar para educar, educar para transformar

Sem educação não há transformação, e o aprendizado é o único meio de mudar a sociedade para melhor. Para que isso aconteça, no entanto, é essencial buscarmos novas formas de aprender e educar; necessidade que abre uma gama imensa de oportunidades para marcas de absolutamente qualquer segmento.

Se as escolas não souberam se adaptar aos novos tempos, a publicidade seguiu por um caminho bem distinto. Em pouquíssimos anos a essência do marketing passou da persuasão para a informação e da comunicação para a ação. E foi além, caminhando a passos largos para a etapa seguinte: a da educação. Ou, como chamamos aqui, o ADucation.

Não, não escrevemos errado. ADucation é a combinação das palavras inglesas *advertising* (ou simplesmente *ad*) e *education*, que significam, respectivamente, publicidade e educação. O conceito por trás do nome é exatamente aquilo que o termo sugere: o casamento do poder da publicidade com o propósito da educação. Um mimetismo, uma simbiose, um encaixe perfeito entre essas duas peças centrais.

Com a evolução da tecnologia e o avanço das plataformas digitais, hoje a união entre o marketing e o aprendizado tem um enorme potencial para disseminar cultura, conhecimento e informação. Os avanços tecnológicos que permitiram a expansão da educação à distância (EAD), combinados à necessidade que todos nós temos de aprender constantemente, criam o cenário perfeito para celebrarmos o casamento apaixonado entre os esforços de comunicação das empresas e o investimento em projetos de educação continuada. Associado a seus produtos, uma marca pode oferecer ao público não só um conteúdo de qualidade e relevante, mas também *transformador*. Eis o recado: na era do ADucation, toda empresa deve se tornar, além de uma *learning organization*, uma *teaching organization* — uma organização dedicada ao ensino, uma marca educadora.

> O conceito por trás do nome é exatamente aquilo que o termo sugere: o casamento do poder da publicidade com o propósito da educação. Um mimetismo, uma simbiose, um encaixe perfeito entre essas duas peças centrais.

No entanto, não estamos aqui para alardear uma nova forma de marketing, uma nova forma de vender nem uma nova forma de as empresas se relacionarem com os consumidores. Estamos, acima de tudo, abordando um olhar alternativo para o aprendizado. A educação está a serviço do marketing assim como o marketing está a serviço da educação. A via é fluida e de mão dupla. Não se trata somente de usar a educação no marketing, mas também de lançar mão do que o marketing tem de melhor — a capacidade de disseminar uma ideia e engajar as pessoas, entre muitos outros atributos — para potencializar a educação. Até porque sem engajamento ninguém aprende nada.

Juntas, publicidade e educação formam uma poderosa ferramenta. Ela pode ser usada para construir significado e desenhar experiências autênticas e relevantes, impactando clientes e colaboradores por meio de paixões e interesses em comum.

O objetivo, então, não é simplesmente transmitir informação, muito menos falar bem de si mesmo. Ninguém mais cai nesse papinho da velha propaganda. A ideia, em vez de "fazer barulho" ou "criar burburinho", é estabelecer um relacionamento profundo com os consumidores. É demonstrar valores, instigar indivíduos, desenvolver cidadãos e, sobretudo, mudar para valer o jogo do relacionamento das marcas com o mundo. O *propósito* vem se tornando decisivo para o destino de qualquer empresa. E, como detalharemos mais adiante, no Capítulo 3, é essa a ponte para a educação.

O ADucation tem a ver com engajamento, conversão e lucro? Certamente. Mas tem muito mais a ver com propósito e colaboração. Neste livro falaremos, sim, do crescimento nos negócios, mas, acima de tudo, de como contribuir para a sociedade por meio dos negócios. E, sempre, sobre aprender. Sobre aprender a aprender, aprender mais e continuar aprendendo.

No Capítulo 1 você será nosso convidado a uma viagem pela educação — uma viagem no tempo, começando na Grécia Antiga, passando pela Revolução Industrial e chegando a estudos recentes sobre a maneira pela qual adquirimos conhecimento. Mas, no fim, voltaremos à Grécia Antiga, o passado visionário que é nossa inspiração para o futuro revolucionário que queremos ajudar a construir.

Em seguida, contaremos um pouco da história da publicidade, indissociável da história humana dos séculos XX e XXI, para mostrar como ela está caminhando para dar esse grande abraço na educação.

Logo depois, no Capítulo 3, vamos explorar o universo do propósito para compreendermos a relação direta entre este tema tão relevante e a materialização do verdadeiro sentido do ADucation na prática.

Depois, no quarto capítulo, será o momento de nos reunirmos ao redor da fogueira para esmiuçar o que move e impulsiona o ADucation, passando, no quinto, para a prática — por que e como cada empresa pode se tornar uma *teaching organization*? Por fim, no epílogo, vamos nos aprofundar nos valores que necessariamente devem guiar o ADucation.

Tudo isso porque, para podermos mergulhar de cabeça no ADucation, precisamos nos libertar de diversas amarras e crenças limitantes sobre o que é publicidade e sobre o que é educação. O ADucation deve obrigatoriamente vir acompanhado de uma nova visão desses dois conceitos. É hora de quebrar paradigmas. Queremos promover uma reflexão sobre o que de fato gera aprendizado entre os seres humanos.

> Tudo isso porque, para podermos mergulhar de cabeça no ADucation, precisamos nos libertar de diversas amarras e crenças limitantes sobre o que é publicidade e sobre o que é educação.

Não se trata, simplesmente, da evolução de um modelo: é de fato uma revolução da educação, transformada em ludicidade e engajamento pela publicidade. Ou, mais do que isso, do entendimento da ferramenta educação como uma verdadeira revolução no marketing e, principalmente, no desenvolvimento da nossa sociedade.

CAPÍTULO 1

A educação de volta para o futuro

Falar de educação é sempre uma grande responsabilidade. Não podemos jamais deixar de valorizar o papel das escolas e das universidades na vida das pessoas, o que não quer dizer que não possamos, ou mesmo devamos, discutir e repensar os conceitos de educação e aprendizado como nos são apresentados hoje.

Primeiro, vale pontuar a diferença entre "educar" e "aprender". Olhando à nossa volta, para a nossa história pessoal, não é difícil perceber a educação como um processo unilateral. Alguém ensina alguma coisa a outrem. É um fluxo de transmissão e recepção, sem qualquer tipo de troca ou *feedback*. O aprendizado, por outro lado, não se limita à educação formal. Trata-se de um conceito que tem a vivência como elemento central. Aprendemos o que assimilamos do mundo ao nosso redor, por meio das mais diversas experiências.

Apesar de não serem sinônimos, a educação só será eficiente e recompensadora quando estiver aliada ao aprendizado. Hoje, entretanto, costuma haver uma imensa distância entre os dois termos. Podemos ser altamente educados, ter estudado nas melhores escolas e universidades, feito mestrado, doutorado, MBA, Ph.D no exterior, e, ainda assim, não termos *aprendido* nada.

Onde podemos, então, buscar essa conexão entre educação e aprendizado? Bem, a pergunta certa não seria onde, mas *quando*. Esse vínculo não é algo a ser criado, mas a ser resgatado, restaurado. Por isso, nossa primeira parada nessa busca pelo futuro da educação é... no passado.

Aprendendo no ócio

Nossa primeira parada nesta breve viagem no tempo é o ano de 387 a.C., quando surgiu, na Grécia Antiga, a primeira escola de que se tem registro. Foi nessa época que o filósofo Platão deu início a um movimento que mudaria o rumo da sociedade de sua época e marcaria a história da humanidade.

A educação grega era até então dominada pelos sofistas, que iam de cidade em cidade com o objetivo de transmitir saberes aos jovens da elite. Essa, no entanto, era uma forma de conhecimento baseada na retórica e na técnica. O aprendizado ali se traduzia, pura e simplesmente, em acúmulo de conhecimento. Consistia em dar as respostas certas da forma certa.

Rejeitando veementemente esse modelo, Platão, maior discípulo de Sócrates, apareceu para chacoalhar o mundo da educação. "Toda virtude é conhecimento", costumava dizer. E com base nesse conceito ele montaria sua escola em Atenas, nos Jardins de Academo — de onde, aliás, vem a palavra "academia" (não a de músculos, mas a de cérebros).

Nos jardins, entre árvores e templos, pessoas curiosas e inquietas se reuniam para discutir questões matemáticas, filosóficas e também aquelas referentes ao que lhes provocava deslumbramento e estupefação no dia a dia. Não havia qualquer tipo de meta ou obrigação, muito pelo contrário. O termo "escola", inclusive, vem do grego *scholé*, que significa "lugar do ócio". As escolas gregas eram espaços que deveriam ser frequentados durante — acredite — o tempo livre. Refletir e aprender consistiam em atividades relacionadas ao lazer e ao prazer.

Pausa para uma pergunta: quantas vezes, nos seus tempos de escola e universidade, você sentiu prazer por estar sendo exposto a algum tipo de conhecimento? Esperamos que tenha acontecido algumas vezes, mas podemos apostar que, infelizmente, não tenham sido tantas assim.

Na escola de Platão não existiam professores ou qualquer figura centralizadora com o papel de apresentar conteúdos e transmitir conhecimento aos alunos. O que havia era um grupo de pessoas que, por vontade própria, trocava ideias e dedicava o tempo livre a identificar problemas, criar hipóteses e buscar soluções para os mais diversos dilemas da existência, dos mais profundos aos mais mundanos. O aprendizado — que acabava sendo proporcional ao tempo de ócio de cada um — não girava em torno de respostas, certezas e afirmações, mas de *questionamentos e elucubrações*.

> Refletir e aprender consistiam em atividades relacionadas ao lazer e ao prazer.

A importância de Platão na história da educação, portanto, não é só a de ter criado a primeira escola, o primeiro local dedicado à troca de saberes, tampouco a de ter sido o primeiro pedagogo de que se tem notícia. Seu grande e mais inovador papel foi, sobretudo, o de ter integrado dimensões éticas, políticas e existenciais ao aprendizado, que, até pouco antes, com os sofistas, havia se restringido a um tipo de conteúdo que podemos chamar de "enciclopédico". Volumoso, mas desprovido de alma.

Além disso, a escola de Platão não era dirigida apenas às crianças e aos jovens, mas a pessoas de todas as idades. Para o filósofo, a busca da virtude — que era o sentido último da educação — deveria persistir por toda a vida de um indivíduo.

Ele acreditava ainda no princípio de que o aprendizado não deveria se limitar a determinados grupos; que ele era, na verdade, uma tarefa de toda a sociedade. Todos deveriam educar e todos deveriam aprender, em um *feedback* ininterrupto. Mais do que isso, o propósito central da educação deveria ser provocar e instigar cada pessoa a buscar e construir seu próprio conhecimento. Na ótica de Platão, educação não rimava com doutrinação, mas com libertação, com ação, com emoção. O que importava nas escolas gregas não era aquilo que alguns queriam ensinar, mas o que cada um gostaria de aprender.

Discípulos de Platão levaram seu conceito de escola às ágoras — praças públicas que se tornaram espaços propícios ao intercâmbio do saber em toda a Grécia. No entanto, embora o conhecimento produzido nesse período, que perdurou por vários séculos, seja um dos mais ricos já registrados pela humanidade, esse modelo nunca chegou a se concretizar como o padrão nas culturas ocidentais. Durante muitos séculos, as escolas foram algo de que somente as elites sociais e religiosas tiveram a chance de usufruir.

Educação, prisão e produção

O modelo de aprendizado formal que conhecemos hoje, no qual todos podem — ou mesmo devem — ter acesso à educação, surgiu na segunda metade do século XVIII. Os motivos para que isso acontecesse não foram, entretanto, dos mais nobres. O que se deu foi que a Revolução Industrial passou a demandar um modelo de produção inteiramente novo, que, por sua vez, precisava de um tipo muito específico de mão de obra. Era necessário formar um novo tipo de profissional — e em grande quantidade.

A solução encontrada foi botar o povo, as massas, nas escolas, que, assim, se tornaram verdadeiras fábricas de operários. De lá para cá, pouca coisa mudou. Até hoje somos treinados para fazer parte de uma linha de produção fabril tão eficiente quanto mecânica ao longo de toda a nossa trajetória educacional.

As salas de aula pararam no tempo. Nesse sentido, estamos estagnados há mais de duzentos anos. Carteiras enfileiradas, professor de pé discursando na frente de um quadro-negro repleto de fórmulas e conceitos que precisam ser rapidamente copiados nos cadernos, diante de dezenas de alunos que, impassíveis, escutam, leem e anotam. Todo o processo é centrado na figura do "mestre", aquela pessoa que — pelo menos assim somos levados a crer — entende tudo de todas as coisas e está ali para replicar seu conhecimento (mesmo que à força) àqueles que, segundo o senso comum, nada sabem.

Trata-se, em essência, de uma via de mão única, fundamentada na hierarquia e na apatia de quem deveria estar no centro do processo: o aluno ou estudante. As únicas atividades existentes na jornada escolar são avaliações de desempenho repetitivas e automatizadas, fundamentadas em gabaritos pré-determinados, rígidos e imutáveis.

Se você, durante os anos escolares, alguma vez se sentiu como um detento, preso a um ambiente claustrofóbico e opressor, essa impressão certamente não veio a se formar por acaso, no vácuo. A configuração das escolas tomou como inspiração as primeiras fábricas, que, por sua vez, tinham como referência o arquétipo das *prisões*.

Muros altos para que ninguém fuja, homens de cara fechada e braços cruzados no portão, tomando conta de quem entra e sai, corredores escuros e apertados, portas fechadas, refeitórios comunitários apinhados servindo comida ruim, alarmes que tocam para sinalizar a mudança de turno ou o direito a meia hora de sol e recreio no pátio. Todo e qualquer comportamento que não seja no mínimo exemplar, ousando recusar obediência absoluta às figuras e símbolos de autoridade, é, invariavelmente, punido.

Estamos falando, no parágrafo acima, de presídios ou de escolas? A triste verdade é que tanto faz.

Um dos maiores críticos do sistema escolar que costumamos chamar de "tradicional" foi o filósofo francês Michel Foucault. Em sua obra *Vigiar e punir*, Foucault descreveu as escolas como um "espaço fechado, recortado, vigiado em todos os seus pontos, onde os indivíduos estão inseridos num lugar físico, no qual os menores movimentos são controlados e todos os acontecimentos são registrados", gerido por "um mecanismo que liga um certo tipo de formação de saber a uma certa forma de exercício do poder".

Caso o cenário que acabamos de descrever não lhe seja familiar, considere-se privilegiado. Ainda que haja honrosas exceções, a escola, como instituição, nunca rompeu com o protótipo carcerário. O sistema escolar é, de maneira geral, um modelo repressivo, que forma pessoas capazes apenas de seguir ordens e distinguir o que o gabarito registra como "certo" e "errado". Qualquer tipo de pensamento crítico é podado diretamente na raiz. Os "caxias", aqueles capazes de seguir as normas a ponto de tirar dez nas provas e ganhar estrelinhas pelo bom comportamento, são "aprovados" e premiados; os criativos, por outro lado, atrevendo-se a ser diferentes, são reprovados e reprimidos.

Tanto isso é verdade que poucos artistas — que têm a criação no centro de sua personalidade — se adéquam a esse modelo. "Acho que a maioria das escolas são prisões", disse certa vez o ex-Beatle John Lennon. "A mente da criança é aberta e livre. É uma piada de mau gosto quererem estreitá-la para competir com outras dentro de uma sala de aula."

A escola é como uma sentença de 16 anos de cadeia durante a qual somos obrigados a estudar coisas que não queremos e que jamais vamos precisar utilizar em nossas vidas — nem mesmo, muitas vezes, em nossas futuras atividades profissionais. A sociedade passa por mudanças radicais ano a ano, mês a mês, dia a dia. O mundo do trabalho definitivamente não é o mesmo de antes. E, com o avanço acelerado da tecnologia, isso será cada vez mais verdadeiro.

Imaginação, curiosidade e desempenho

Imaginemos uma prova de matemática lá do início do ensino fundamental. Você certamente já precisou resolver problemas assim: "Um pedreiro constrói um muro de três metros em oito horas. Em quanto tempo dois pedreiros construiriam o mesmo muro?"

A criança que decorou a tabuada vai dividir oito por dois e rapidamente desenhar o número quatro na resposta. Outro pequeno estudante, entretanto, pode dar asas à imaginação, talvez usando como referência sua própria experiência ao realizar um trabalho em grupo, e deduzir que dois pedreiros juntos perderiam tempo conversando ou discutindo, levando, assim, ainda mais tempo para concluir a tarefa — umas nove horas, pelo menos.

Mas a pergunta que fica para nós é a seguinte: quem aprendeu mais? O aluno que decorou o gabarito ou o que soube pensar por conta própria? Qual deles estaria mais preparado para a *vida*? Vamos deixar dois grandes pensadores responderem.

"Nosso processo educativo, em geral, tenta adestrar as pessoas a *terem* conhecimento como se este fosse uma posse, geralmente comensurável com a quantidade de propriedade ou prestígio social que ele deve proporcionar mais tarde", registrou o psicanalista e pensador austríaco Erich Fromm no livro *Ter ou ser?*, publicado em meados da década de 1970 e ainda muito atual. "O mínimo que recebem é a quantidade necessária a fim de funcionar adequadamente em seu trabalho", completou.

Fromm estava, de certa forma, dialogando com o polímata austríaco Ivan Illich, que pouco antes havia publicado seu emblemático e polêmico *Sociedade sem escolas*, uma crítica enérgica ao sistema educacional vigente. Para ele, a escola embaralha "processo" e "substância". "O aluno é, desse modo, 'escolarizado' a confundir ensino com aprendizagem, obtenção de graus com educação, diploma com competência, fluência na oratória com capacidade de dizer algo novo. Sua imaginação é 'escolarizada' a aceitar serviço em vez de valor", escreveu Illich. A educação,

> Mas a pergunta que fica para nós é a seguinte: quem aprendeu mais? O aluno que decorou o gabarito ou o que soube pensar por conta própria?

dessa forma, acaba tendo uma finalidade apenas em si mesma. É educar por educar, porque sim e ponto final.

O pior de tudo é que, não raramente, saímos da escola sem nada — com a criatividade limada e sem ao menos conseguir repetir o gabarito básico para nos tornarmos competentes em nossas atividades profissionais.

Um dado rápido: no Brasil, segundo o Ideb (Índice de Desenvolvimento da Educação Básica), em 2019 apenas 24,4% dos estudantes chegaram ao fim do ensino médio tendo recebido instrução adequada em matemática. Isso quer dizer que 24,4% dos alunos conseguem decorar minimamente o gabarito. Os outros 75,6% podem até, em algum momento, ter deixado a imaginação rolar, mas a triste verdade é que a maioria quase absoluta deles concluiu o ensino médio sem saber dividir oito por dois e tampouco com o pensamento subjetivo aflorado.

A educação pública no país é, de fato, repleta de dificuldades e desafios, mas mesmo quando olhamos para os dados que levam em conta apenas as instituições particulares, o resultado, 55,8%, está longe de ser satisfatório. Há algo de podre, antiquadamente podre, no reino da educação.

E, ao contrário do que muita gente pode pensar, esses números não demonstram o fracasso individual de certos alunos, mas a derrocada do sistema educacional como o conhecemos hoje. A educação formal se mantém rigidamente envelopada desde os tempos da Revolução Industrial, insistindo que existe uma única forma correta e aceitável de aprendizado. O problema é que hoje, verdade seja dita, sequer temos sido capazes de formar operários competentes.

Poderíamos, e ainda podemos, ser muito mais. Para isso, no entanto, é essencial deixarmos de educar unicamente para o trabalho ou para um ofício — lembrando que, como Platão sabia muito bem, o trabalho é parte da vida e precisa estar sempre contextualizado como tal. Se não entendermos a vida, se não conhecermos a nós mesmos, jamais seremos bons profissionais em qualquer área ou função.

A base da educação para a vida é a curiosidade, que, inerente a toda criança, tem origem na imaginação — mas se vê ceifada sem dó na primeira vez que a criança é impedida de questionar uma afirmação do professor. E só a capacidade de imaginar e reimaginar, repensando velhas certezas e reconsiderando padrões, pode nos mover adiante.

A palavra "educação", não por coincidência, vem do latim *educere*, composto pelo prefixo *ex* (fora) e o verbo *ducere* (conduzir, levar), significando, literalmente, "conduzir para fora". Na essência, educação carrega essa ideia de movimento: é o saber como antídoto para a inércia. No modelo atual, ela vem, pelo contrário, nos mantendo prisioneiros de nossas próprias bolhas — que têm se tornado cada vez maiores e mais ameaçadoras.

Não temos dúvida de que a educação, calcada na imaginação, é a maior ferramenta de mobilidade da qual todos nós dispomos. Se não conseguirmos encontrar uma forma de fazer cada pessoa manter acesa em si a chama da curiosidade, da vontade de aprender *mais*, da vontade de aprender *o novo*, da vontade de aprender *de novo*, não vamos resolver o problema da educação.

> *A base da educação para a vida é a curiosidade, que, inerente a toda criança, tem origem na imaginação.*

Uma nova revolução da educação passa por despertar a vontade e o interesse das pessoas pelo aprendizado. Hoje, temos praticamente todo o conteúdo produzido na história humana ao alcance de uma mera busca no Google ou numa conversa com o ChatGPT, mas, simplesmente, optamos por não buscar respostas. Ficamos parados, na superfície, absorvendo e compartilhando apenas o que os algoritmos querem — inclusive um monte de *fake news*.

Mas você já entendeu por que isso acontece, certo? Porque a escola sempre se colocou no papel de nos empurrar conteúdo goela abaixo. E isso, na visão do professor e especialista em educação e criatividade britânico Ken Robinson, inibe nossas habilidades pessoais. "A escola mata a criatividade", disse em entrevista à revista *IstoÉ*. "A educação precisa ser customizada para diferentes circunstâncias e personalizada. É preciso criar um sistema em que as pessoas busquem suas próprias respostas. (...) Se quisermos encorajar as pessoas a pensar, temos que encorajá-las a ser aventureiras e a não ter medo de cometer erros", completou.

A escola nunca nos ensinou a buscar aquilo que nos interessa, aquilo que faz sentido para nós, aquilo que nos motiva, aquilo que nos impulsiona, aquilo que nos eleva. A escola nunca nos ensinou a *querer aprender*, muito menos a *aprender o que queremos*. E o que queremos é o que precisamos.

Mão na massa

No fim da década de 1980, Morgan McCall, Robert Eichinger e Michael Lombardo, três pesquisadores do Center for Creative Leadership, na Carolina do Norte, Estados Unidos, desenvolveram um estudo defendendo que apenas 10% do aprendizado seria obtido por meio da educação formal, ou seja, em aulas, workshops e leituras. Outros 20% viriam das relações interpessoais (*feedbacks*, observações, conversas e conexões), enquanto todo o resto, 70%, seria fruto da prática e da experiência direta — a boa e velha "mão na massa".

Antes disso, nos anos 1960, William Glasser, psiquiatra americano que se dedicava a estudar saúde mental e comportamento humano, já havia chegado a uma conclusão muito semelhante com sua Teoria da Escolha. Ele partiu da premissa de que ninguém é capaz de controlar qualquer coisa a não ser a si mesmo, aplicando esse princípio a diversos âmbitos da vida, inclusive à educação. Segundo Glasser, nossa disposição a aprender estaria diretamente relacionada à liberdade diante do aprendizado. Isso quer dizer que a motivação para aprender deve vir de dentro, precisa ser uma escolha.

A partir desse conceito foi arquitetada a Pirâmide da Aprendizagem. Ela indica que nosso índice de retenção de conhecimento aconteceria na seguinte proporção:

> 10% quando *lemos*;
> 20% quando *ouvimos*;
> 30% quando *observamos*;
> 50% quando *vemos e ouvimos*;
> 70% quando *debatemos*;
> 80% quando *fazemos por nós mesmos*;
> 95% quando *ensinamos*.

É lógico que não podemos usar qualquer desses modelos como receita de bolo, a ideia não é essa. Trata-se de um norte, uma forma, a nosso ver, muito coerente e pragmática de olharmos para a educação no século XXI. Precisamos compreender que o protagonista da educação não é o conteúdo, muito menos a pessoa que ensina, mas quem aprende — que só vai aprender se *quiser* aprender.

O que chama atenção é que tudo isso já fazia parte do pensamento e da prática de Platão. Nas escolas gregas, dos Jardins de Academo às ágoras, os únicos elementos compulsórios na "grade curricular" eram a interação e a vontade de aprender. A educação por toda a vida, pregada pelo filósofo na Antiguidade, também aparece na teoria de William Glasser de maneira exemplar.

Segundo a Pirâmide da Aprendizagem, o ápice do nosso processo educacional estaria no momento que *ensinamos*. Pode parecer um paradoxo, um contrassenso, mas o que Glasser está dizendo com isso é justamente que jamais paramos e jamais devemos parar de aprender. Continuamos aprendendo até mesmo aquilo que julgávamos dominar a ponto de ensinar aos outros.

Existe um antigo ditado que diz que "quem sabe faz; quem não sabe ensina", possivelmente derivado de uma frase, repleta de ironia, do dramaturgo irlandês George Bernard Shaw: "Aquele que pode faz; aquele que não pode ensina." Não temos como concordar com essa máxima, mas, com ligeiras mudanças, a partir de tudo o que estamos discutindo aqui, ela pode começar a fazer sentido: quem não sabe faz e aprende; quem ensina aprende ainda mais. Que tal?

E pense bem: se esses pesquisadores estiverem certos, nossa sociedade errou, e errou feio, na maneira pela qual estruturou o modelo da educação tradicional, que se apoia quase que integralmente no conhecimento teórico — no ler, no ouvir e no observar. Se olharmos com atenção para a nossa história, em tudo o que deu certo e errado até aqui, veremos que o que eles defendem é bastante coerente.

O maior aprendizado que podemos obter é quando nos lançamos, nos arriscamos, experimentamos, tentamos, conseguimos e até mesmo quando erramos e fracassamos. É nos movendo em busca de nossas respostas que podemos ser verdadeiramente capazes de descobrir, conhecer e fazer.

É uma pena que essa alegria de aprender tenha sido excluída das rotinas escolares. Passamos tanto tempo buscando *adquirir conhecimento* que nos esquecemos de *desenvolver aprendizados*. A educação confinada, em salas de aulas e gabaritos, é uma educação triste.

Educação para a vida, por toda a vida

Imagine que você esteja andando pela rua e, de repente, tropece numa lâmpada, daquelas bem antigas, da época do Aladim e do Ali Babá. Você fica curioso e, ao passar as mãos nela, percebe que se trata de uma lâmpada mágica e dali sai um gênio. A diferença é que ele não vai lhe conceder três desejos, mas apenas um, uma oportunidade única, sem uma segunda, muito menos uma terceira chance.

E ainda existe uma condição: o pedido não pode ser uma coisa que você deseja ter, possuir, mas algo que você queira *saber fazer*. Uns poderiam pedir para aprender a falar inglês fluentemente ou tocar guitarra como Jimi Hendrix; outros, para ter inteligência emocional ou capacidade de liderança. Qual seria o seu pedido? O que você gostaria de saber fazer para *ser mais e mais você*?

> Na fase adulta, com o trabalho, a família, os filhos, lazer e outras atividades, quase sempre deixamos de lado a curiosidade e a vontade de aprender. Mas já descobrimos que não é assim que a verdadeira educação deve acontecer.

Temos essa lâmpada em nossas mãos durante toda a vida. A má notícia é que ela não é mágica e não tem um gênio lá dentro. Não é um simples estalar de dedos que vai nos proporcionar uma nova habilidade. É preciso *querer* e é preciso *fazer*. Mas também há uma ótima notícia: temos direito a quantos pedidos couberem em nosso tempo de existência na Terra.

Como vimos lá no início, é comum encararmos a educação como um processo formatado, que acontece em algumas fases da vida, principalmente durante a infância e a juventude.

Na fase adulta, com o trabalho, a família, os filhos, lazer e outras atividades, quase sempre deixamos de lado a curiosidade e a vontade de aprender. Mas já descobrimos que não é assim que a verdadeira educação deve acontecer.

O termo *lifelong learning* (literalmente "aprendizado ao longo da vida" ou "educação contínua"), também chamado de L3, por haver três "L" na expressão, traz a combinação dos conceitos de *aprendizado, vida* e *tempo*. Ou seja, *lifelong learning* nada mais é do que a busca contínua, voluntária e automotivada pela atualização do conhecimento, se caracterizando por um aprendizado que é flexível, diverso e disponível em diferentes tempos e lugares. O conceito pressupõe que aprendemos durante todas as fases da vida de maneira diferente, com artifícios diferentes, e não necessariamente a partir de uma relação entre professor e aluno, emissor e receptor.

Platão, confiante de que devemos aprender para a vida e durante toda a vida, já era — veja só! — íntimo do conceito de *lifelong learning*, mesmo que o termo só viesse a ser utilizado pela primeira vez nos anos 1960, muito ligado à contracultura e a revolução nos costumes da época.

Em 1971, Ivan Illich, de novo ele, pregava que a educação universal jamais seria possível por meio da escolaridade, sugerindo o caminho do *lifelong learning* como o único viável. "A busca atual de novos canais educativos deverá ser transformada na procura do seu oposto institucional: redes educativas que aumentem a oportunidade de cada um transformar cada momento da sua vida num outro de aprendizagem, de partilha e de interesse", escreveu.

Logo depois, a OCDE (Organização para a Cooperação e Desenvolvimento Econômico), que, composta por 38 países-membros, tem como objetivo estimular o progresso econômico e o comércio mundial, institucionalizou a proposta com o manifesto *Recurrent Education: A Strategy for Lifelong Learning*. Embora apresentasse um viés majoritariamente econômico, a publicação postulou de maneira clara e direta que nossa sociedade deveria começar a pensar a educação para além das escolas e da juventude.

Desde então o tema nunca deixou de ser discutido, mas foi somente a partir das mudanças tecnológicas e das revoluções no mundo do trabalho ao longo das últimas duas décadas que essa ideia vem enfim se tornando realidade. Hoje, segundo a Unesco,

> parece impor-se, cada vez mais, o conceito de educação ao longo de toda a vida, dadas as vantagens que oferece em matéria de flexibilidade, diversidade e acessibilidade no tempo e no espaço. É a ideia de educação permanente que deve ser repensada e ampliada. É que, além das necessárias adaptações relacionadas com as alterações da vida profissional, ela deve ser encarada como uma construção contínua da pessoa humana, dos seus saberes e aptidões, da sua capacidade de discernir e agir. Deve levar cada um a tomar consciência de si próprio e do meio ambiente que o rodeia e a desempenhar o papel social que lhe cabe como trabalhador e cidadão.

É importante ressaltar que a prática do *lifelong learning* não é a de simplesmente passarmos todo o tempo de nossa existência tentando saber mais e mais, mas, principalmente, a de sabermos que a própria vida é uma fonte inesgotável de aprendizado. Não adianta continuarmos a achar que, no mundo onde já existe o metaverso, vamos aprender apenas em escolas, universidades, bibliotecas e seminários. Aprendemos com tudo, a qualquer hora, em qualquer lugar, mesmo quando não esperamos aprender. Podemos vivenciar uma jornada de aprendizado dentro de um carro de aplicativo, na mesa de um bar, na fila do caixa de um supermercado. Entendendo isso, devemos nos considerar aprendizes durante toda a vida, cultivando a curiosidade e a imaginação.

E o *lifelong learning* não é um conceito novo que devemos compreender e absorver para passar a implementar em nossas vidas, mas algo que vivenciamos quando crianças, mesmo que não o chamássemos por esse nome. Qualquer brincadeira, mesmo a mais simples, gera sinapses em nosso cérebro e desenvolve a inteligência. Da mesma maneira, aprendemos com a convivência com nossos pais em casa e com os colegas no recreio. Todo ser humano tem a necessidade de se conectar com outros e, assim, aprender a partir da prática. O *lifelong learning* é, na verdade, o resgate de algo que nunca deveríamos ter abandonado.

Quando promovemos novas interações e vínculos, um novo aprendizado se estabelece para além da sala de aula. E é a partir dessas conexões que podemos entender mais profundamente o outro, suas percepções e perspectivas a respeito do mundo em que vivemos. São nesses momentos que temos a oportunidade de construir, compartilhar e absorver novos conhecimentos. Quanto mais conhecemos uns aos outros, mais despertamos em nós um olhar de generosidade e altruísmo. A felicidade reside nesse movimento de entrega, nessa percepção de se tornar útil àqueles que estão ao nosso lado. Hoje, em tempos de internet, velocidade e muitas escalas de cinza, nosso desafio é desenvolver a empatia de maneira prática e cotidiana. É nesse exercício diário de se colocar no lugar do outro que podemos aprender mais e compartilhar conhecimento, numa troca fluida e espontânea que libera a oxitocina, o chamado hormônio do amor. Quando olhamos para além de nós e entendemos a dor e a alegria do outro, somos capazes de construir aprendizados valiosos. Quanto mais nos tornamos generosos e solidários, mais oportunidades temos de, a partir de múltiplas experiências de aprendizagem, crescer, construir conexões profundas e gerar transformações.

A oxitocina resgata nossa humanidade, e a nova educação tem a ver com o despertar da consciência latente em cada um de nós. A grande pergunta não é "o que estamos aprendendo?", mas "que vida estamos vivendo?"

Chegou a hora de abrirmos os olhos para um novo mundo em que sentimentos e propósitos são a maior e mais importante fonte de produção de saberes.

> Chegou a hora de abrirmos os olhos para um *novo* mundo em que sentimentos e propósitos são a maior e mais importante fonte de produção de saberes.

John Taylor Gatto, educador norte-americano, também acredita que as pessoas só aprendem o que querem aprender. Até porque, como já vimos, não existe ensinar; o que existe é um longo e constante aprendizado. E é com o *lifelong learning* que isso se torna mais viável.

Daqui para a frente o aprendizado não termina nunca mais — aliás, como sempre deveria ter sido.

Entra em cena o ADucation

Nesta realidade das reinvenções pessoais constantes e necessárias, está evidente que não poderemos contar apenas com a educação formal, administrada pelo Ministério da Educação (MEC), com horas-aula predeterminadas e assim por diante. Porque, afinal, esta é também a realidade do "tudo ao mesmo tempo agora". Quem tem a oportunidade de cursar duas, três, quatro graduações ao longo da vida? Precisamos aprender, precisamos correr atrás, precisamos, sim, nos tornar especialistas e buscar atualizações constantes, mas isso não vai ocorrer estritamente dentro das instituições de ensino tradicionais.

Você pode ter se formado em biologia ou botânica, ter atuado na área e inclusive lecionado em universidades, mas, se em algum momento da vida decidir, por exemplo, abrir uma floricultura, o conhecimento formal sobre plantas, por mais abundante e qualificado que seja, não vai bastar para essa nova empreitada. Será necessário entender de comércio, de fluxo de caixa, de compra e venda. E você, aos quarenta ou cinquenta anos, vai querer ou poder voltar para a faculdade e tentar se formar em administração? Não vai, e nem precisa.

Essa formação pode vir de quem sabe mais sobre o ramo: a pessoa que faz (e, como vimos, que continuará sempre aprendendo). A rede paulista de floriculturas Giuliana Flores, uma das maiores do país, poderia oferecer essa formação. Você sairia de lá preparadíssimo para abrir e manter sua própria floricultura e, melhor ainda, apto a ser dono de uma franquia da Giuliana Flores. E sabe o que mais? Isso pode ser apenas um hobby. Você pode ser um dentista que adora flores e quer se aprofundar no tema. Essa formação seria um ótimo caminho para consolidar esse conhecimento.

Isso serve para tudo. Gosta de chocolate? Por que, então, em vez de só comer chocolate, não estudar sobre o produto, do cacau ao leite, e aprender tudo sobre sua produção e comercialização?

A expertise da Cacau Show, por exemplo, poderia ser o caminho. Além de contribuir para a educação, que serviria até mesmo para formar supervendedores para suas próprias lojas, as marcas sairiam desse processo fortalecidíssimas. Sua autoridade em seu segmento se ampliaria enormemente, passando de uma simples produtora para, de fato, uma mentora. Quem faz sabe — e continua aprendendo, o tempo todo.

O que estamos dizendo é que movimentos que tiram as pessoas da inércia as conectam por meio de valores que, por sua vez, criam significado e ampliam horizontes. O mundo pode, sim, ser um lugar de mais subjetividade, menos desigualdade e mais convergências, pois o que nos une é muito mais poderoso do que aquilo que nos separa.

Assim, cabe a uma marca de bebidas oferecer um curso gratuito sobre como preparar coquetéis ou sobre os fundamentos de gestão para bares e restaurantes; e um banco poderia disponibilizar aulas de finanças para executivos fora da área financeira. Algumas empresas de tecnologia oferecem programas de treinamento em otimização de redes sociais, e algumas marcas de produtos esportivos disponibilizam cursos on-line de introdução às técnicas do golfe. Caso o posicionamento ou propósito de uma empresa seja defender ecologia e consumo consciente, cabe a ela apresentar a quem se interessar uma formação técnica em consciência ecológica e futuro do planeta.

Toda organização, de qualquer segmento, precisa se preparar para se tornar uma *teaching organization*. Vender e ensinar, ensinar vendendo, vender ensinando.

As possibilidades são praticamente infinitas, o custo é muito baixo e a contribuição à sociedade é garantida. A educação, como já dissemos, pode ser o princípio de uma revolução quando associada ao poder de engajamento do marketing: empresas, marcas e líderes se tornam capazes de antecipar o futuro, mostrando a seus colaboradores, clientes e parceiros que o mundo mudou e que chegou a hora de eles mudarem também.

Se isso já é uma tendência irreversível e altamente positiva em países desenvolvidos, onde a educação de qualidade é uma realidade para a imensa maioria da população, imagine o quanto não pode ser benéfica em regiões como a América Latina, que apresenta um déficit educacional pandêmico e um ensino formal defasado em relação à realidade atual?

O casamento entre a publicidade e a educação é um caminho sem volta. Muito em breve olharemos para trás e nos perguntaremos como o *advertising* e a *education* não começaram esse relacionamento antes. Porém, finalmente estamos entrando de fato na era do ADucation, uma época em que todo esforço de comunicação e marketing terá como objetivo disseminar educação para motivar e engajar o público em causas e propósitos significativos para as empresas que oferecem esse conteúdo. Quanto mais gente tiver a percepção de que a vida é um aprendizado constante, mais poderemos oferecer novos elementos para a educação.

> O casamento entre a publicidade e a educação é um caminho sem volta. Muito em breve olharemos para trás e nos perguntaremos como o *advertising* e a *education* não começaram esse relacionamento antes.

Não estamos dizendo isso apenas porque gostamos da ideia e queremos que seja assim. A evolução da publicidade notadamente está tomando esse rumo, e essa é a história que contaremos no próximo capítulo.

CAPÍTULO 2

O verdadeiro sentido da publicidade

Um dia, muito tempo atrás, mais do que a História alcança, em um período que só a imaginação é capaz de revisitar, em uma época em que a civilização passava por muitos avanços tecnológicos e prosperidade econômica, um grupo de pessoas resolveu construir uma grande torre. A ideia, na verdade, era que ela fosse mais do que isso: seria a maior das torres, tão alta que deveria chegar ao Céu, com "C" maiúsculo, aquele lugar que só os deuses podem habitar.

Nada satisfeitos com a arrogância daquelas criaturas que ousavam tentar alcançar sua morada superior, os deuses decidiram dar um fim à situação. Só que, em vez de simplesmente destruírem a torre, que sempre poderia ser reconstruída, eles foram mais criativos: fizeram com que cada pessoa começasse a falar uma língua diferente. Sem se entenderem, os humanos desistiram da empreitada, se espalharam pelo mundo e nunca mais, ou pelo menos por um bom tempo, voltaram a ousar enfrentar os poderosos e oniscientes deuses.

Você conhece essa história: trata-se do mito da Torre de Babel, descrito no Antigo Testamento e em outros relatos milenares. Babel era a capital do Império Babilônico, um dos maiores centros políticos, militares, econômicos e culturais do mundo antigo.

Por muito tempo, praticamente um século, a propaganda e o marketing foram, de certa maneira, como o Império Babilônico. Estavam por cima, dominavam a comunicação. E, por mais que tenha havido mudanças e evoluções, todas ocorreram sobre uma estrutura que nunca foi de fato abalada.

Até agora.

Vivemos em uma era em que os resultados do marketing sobem pela escada, mas os custos pelo elevador. Ficou mais caro do que nunca fazer comunicação. E o problema vai além de uma questão meramente financeira: precisamos nos esforçar cada vez mais para obter os mesmos resultados de alguns anos atrás. Como diria a Rainha de Copas em *Alice através do espelho*, de Lewis Carroll: "Que país lento, esse seu! Aqui é necessário correr muito para se manter no mesmo lugar. Se você quer chegar a um lugar diferente de onde está hoje, deve correr pelo menos duas vezes mais rápido."

> Vivemos em uma era em que os resultados do marketing sobem pela escada, mas os custos pelo elevador. Ficou mais caro do que nunca fazer comunicação.

Isso se deu a partir de uma mudança de paradigmas no mundo da informação. Até o advento dos *smartphones*, em meados da década de 2000, vivíamos na Era da Atenção. Fazíamos, no geral, uma coisa de cada vez. Hoje, neste mundo multitela, multiforma, multilinguagem e multiplataforma, entramos definitivamente na Era da Distração.

Assistimos a uma série num canal de *streaming* enquanto respondemos a uma mensagem no WhatsApp, lemos um livro no Kindle e vemos as publicações de um *influencer* nas redes sociais. E é evidente que mal assistimos à série (muitas vezes inclusive corremos o vídeo em algumas partes, para "otimizar" nosso tempo), mal conseguimos de fato conversar no WhatsApp (falamos muito e ouvimos pouco, acelerando os áudios enviados por amigos e parentes) e raramente nos aprofundamos no conteúdo com o qual entramos em contato nas redes sociais (que, em geral, já não tem tanta profundidade assim).

Com essa mudança, o conceito de *audiência* deixou de ser uma garantia de resultado. Quem de fato absorve a mensagem que estamos tentando passar por meio da comunicação? O foco da nossa atenção está cada vez mais pulverizado. E o resultado disso não poderia ser diferente: atenção é hoje uma matéria-prima escassa no marketing. Não podemos continuar contando apenas com ela.

Veja aonde queremos chegar: nessa mudança de paradigmas do mundo da informação, acabamos nos desequilibrando e despencando lá do alto da nossa torre de marfim, deixando para trás arrogâncias e falsas certezas, e caímos, juntos, nos escombros da Torre de Babel. Todo mundo falando o tempo todo, matraqueando sem parar, mas sem conseguir se entender. Sem conseguir se *comunicar*.

A comunicação entrou em colapso pelo excesso de conteúdos disponíveis. Vivemos, sem exagero, uma pandemia de informação: uma *infoxicação*. Esse termo foi cunhado em 1996 pelo físico espanhol Alfons Cornella para designar uma quantidade de informação tão excessiva que se torna capaz de nos intoxicar, nos deixando dispersos, ansiosos e estressados. E olha que, quase trinta anos atrás, ele certamente não fazia ideia do quão mais complexas as coisas ficariam.

O problema agora não é só a *quantidade* de informação disponível, mas também, e talvez principalmente, a *qualidade* dessa informação. Triste realidade: no Brasil e em muitas partes do mundo as *fake news* são a maior fonte de (des)informação. Extremamente danosas, elas são um problema que precisa ser enfrentado com urgência.

> Não temos como controlar o incontrolável. Mas as marcas podem, para o bem delas e de toda a sociedade, assumir o protagonismo da conversa.

Não temos dúvida de que a quantidade de informação vai continuar crescendo em escala exponencial, tornando cada vez mais difícil aplicarmos um filtro. Quanto mais fontes de informação (ou de desinformação) existirem, mais complicado será para as pessoas entenderem qual critério seguir para balizar decisões e julgar o que está ao seu redor.

Não temos como controlar o incontrolável. Mas as marcas podem, para o bem delas e de toda a sociedade, assumir o protagonismo da conversa. Sim, estamos falando novamente do ADucation. Para chegarmos lá, no entanto, é preciso fazer uma breve jornada pela história da publicidade.

Dos *valores* palpáveis aos atributos intangíveis

Para entender os caminhos que a publicidade percorreu até aqui, devemos antes de tudo entender que a propaganda, a comunicação e o marketing foram alterando sua relação com o consumidor e o mercado ao longo do tempo e que essa evolução gerou abordagens e processos muito distintos.

A indústria da propaganda pode, portanto, ser dividida em quatro fases. Antes, um destaque: toda vez que dividimos uma análise histórica em fases corremos o risco de cair no reducionismo. Nada nesta vida é absolutamente objetivo; áreas cinza, exceções e dissidências estão em todos os lugares, em todas as épocas. Tendências, na verdade, não necessariamente se sucedem: elas se confundem, convivem entre si por um bom tempo e às vezes até renascem, mais adiante, com força total.

Tal tipo de recorte, entretanto, é um mal necessário para sermos capazes de engendrar uma narrativa histórica mais didática, que é nosso principal objetivo aqui. Mesmo que nada esteja escrito em pedra, observar a sequência das quatro fases da propaganda explicita a tonicidade de cada era e para onde se encaminha a comunicação neste século XXI.

Nosso ponto de partida é o início dos anos 1960, quando a ênfase do marketing estava nos atributos físicos e de desempenho de um produto. Era tudo muito novo; os bens de consumo, hoje nossos velhos conhecidos, ainda estavam sendo apresentados a grande parte dos consumidores. Muita gente não sabia, por exemplo, como funcionava um aspirador de pó, uma máquina de lavar roupa, um liquidificador, um processador de alimentos, um aparelho de televisão ou mesmo uma simples torradeira.

Toda propaganda era dedicada a *explicar*. O conteúdo prevalente tinha relação direta com a forma. Não por coincidência, os anos 1960 foram a era de ouro das garotas-propaganda. Durante três ou quatro minutos na TV, às vezes até mais do que isso, mulheres glamorosas mostravam um produto e o dissecavam nos mínimos detalhes.

Como essa máquina de lavar roupa funciona? O que ela faz? Que benefícios traz à minha vida? É compacta, cabe no canto da minha cozinha? Quanto tempo demora para lavar minhas roupas? É silenciosa? Quanto custa? Como posso pagar?

Essas eram algumas perguntas às quais a publicidade deveria responder naquela época. Tudo isso era explanado à exaustão — mas, lógico, sempre com muita classe — por essas garotas-propaganda, que tinham todo o tempo do mundo para isso. Sendo a TV uma mídia que ainda engatinhava, o custo da publicidade estava muito abaixo da faixa multimilionária que atingiu poucas décadas depois.

Nos veículos impressos, jornais e revistas, o modelo era idêntico. Um anúncio tinha um volume imenso de texto, cuja função era a mesma das garotas-propaganda na televisão. E isso não valia apenas para os eletrodomésticos: cigarro, refrigerante, café solúvel, sabão em pó, sabonete, absolutamente tudo era esmiuçado na publicidade.

Essa tendência teve início nos Estados Unidos, ainda nos anos 1950, mas foi nos 1960 que começou a se espalhar por todo o mundo e chegou com muita força ao Brasil. Todo anúncio era, invariavelmente, acompanhado de uma série de detalhes informativos sobre sua operação, seu funcionamento, seus atributos, benefícios, qualidades, inovações e diferenciais.

Esse padrão se manteve firme e forte ao longo dos anos 1970 e no início dos 1980. Se por obra de um estranho paradoxo no espaço-tempo fôssemos anunciar as grandes novidades do século XXI — a internet e as mídias sociais — nos veículos da época, todas as funcionalidades dessas ferramentas seriam listadas *ad nauseam*.

Facebook: "Compartilhe fotografias, histórias e experiências do seu dia a dia com seus amigos e familiares." Skype: "Uma ferramenta inteligente para se comunicar com parentes e amigos pela internet." X [antes Twitter]: "Seguindo e sendo seguido, você viverá experiências nunca imaginadas ao compartilhar um volume incrível de informação." YouTube: "Compartilhe vídeos esplêndidos, 24 horas por dia."

Só não os chamaríamos de "anúncios", mas de "reclames". Trata-se de uma referência a um passado que nunca deveria ter existido: "reclame" era o nome que se dava aos informes, às "reclamações", que, no século XIX, os fazendeiros publicavam nos jornais alertando sobre pessoas negras escravizadas que haviam fugido, para que fossem encontradas e devolvidas a seus "donos". Ainda bem que a sociedade evoluiu junto da publicidade. E essa evolução, como vamos ver, ainda não terminou.

A década de 1980 chegou trazendo uma mudança bem acentuada na atitude da propaganda. A tonicidade, que antes estava concentrada nos valores palpáveis de um produto, migrou para os atributos intangíveis e diferenciais de cada marca. Nessa fase houve uma inversão: a forma passou a prevalecer sobre o conteúdo. Foi um período em que a publicidade se tornou mais preocupada e dedicada em posicionar as marcas, criando um ambiente adequado e favorável para a consolidação de uma imagem institucional bem-definida.

Invertendo a lógica anterior, as palavras foram relegadas ao segundo plano. Havia pouquíssima fala ou texto: a imagem passou a reinar, com fotos que, muitas vezes, ocupavam até 90% do espaço do anúncio. A publicidade deixou de ser literal, autoexplicativa, e foi se tornando cada vez mais conceitual e subjetiva, com a proposta de, em vez de detalhar o funcionamento e os atributos de um produto, passar ao público uma *percepção* do porquê de aquela marca ser melhor — e mais *cool* — que as concorrentes.

O auge desse estilo de publicidade aconteceu nos anos 1990. Muita gente chegava a dizer que o conteúdo dos anúncios costumava ser melhor e mais criativo que o da programação dos canais de TV. Porém, como falamos, as fronteiras entre as quatro fases são extremamente tênues e um tanto borradas. Ainda vemos, nesta terceira década do século XXI, anúncios desse tipo, no qual o conceito domina a mensagem publicitária. Mas não é mais esse o espírito da propaganda do nosso tempo. O *zeitgeist* do marketing já mudou, e já faz um tempo.

O meio é a mensagem e as marcas são o meio

Nas duas primeiras décadas do século XXI, uma nova mudança na tonicidade do marketing ocorreu. A ênfase da publicidade, que antes se mantinha nos atributos do produto e depois migrou para as percepções intangíveis de uma marca ou organização, passou a se concentrar na integração entre as marcas e o *conteúdo de mídia*. As empresas entenderam que, depois de uma fase em que a forma triunfou sobre a substância, era necessário voltar a olhar atentamente para seus produtos e também para as dores e os desejos do público.

O centro das atenções publicitárias passou a ser o *ambiente* onde a marca é inserida. Quando o filósofo canadense Marshall McLuhan proferiu sua tão famosa frase em que afirma que "o meio é a mensagem" (na verdade o título de um livro publicado em 1967), ele não fazia ideia de como estaria descrevendo tão perfeitamente a comunicação do início do século XXI. Ou talvez soubesse, sim. McLuhan, que também cunhou a expressão "aldeia global" e antecipou o advento da internet, era um grande visionário. Mas podemos, hoje, complementar sua afirmação no que diz respeito ao caminho que a publicidade tomou naquele momento: o meio se tornou a mensagem *e as marcas se tornaram o meio* — ou, simplesmente, *a mídia*. Foi assim que a comunicação se manteve estruturada até muito recentemente.

Se lá atrás Albert Einstein descobriu que $E = mc^2$, no início deste século as empresas de comunicação chegaram a uma conclusão bem parecida: EC = MC, ou seja, *Every Company is a Media Company*. Toda empresa é uma empresa de mídia. O valor de uma marca deixou de ser sempre apresentado no intervalo comercial e se integrou ao próprio conteúdo.

A indústria cinematográfica foi pioneira nesse processo. O *product placement*, que no Brasil costumamos chamar de *merchandising*, já existia desde os anos 1970 e 1980 em filmes, séries e novelas — inclusive em casos emblemáticos em que as marcas foram incorporadas à narrativa. Um exemplo clássico é o da comédia de ficção científica *De volta para o futuro* (1985), na qual, por causa da marca estampada na cueca, o protagonista Marty McFly acabava sendo chamado, durante boa parte do longa, de Calvin Klein. Outro uso incrível foi o da bola de basquete da marca Wilson, que literalmente contracenou com Tom Hanks no drama *Náufrago* (2000) — e muita gente, brincando (e às vezes nem tanto), chegou a dizer que a bola deveria ter, no mínimo, levado o Oscar de ator coadjuvante. (Por coincidência — ou não — os dois filmes citados são do mesmo diretor, o norte-americano Robert Zemeckis.)

Mas, pouco a pouco, as marcas foram extrapolando o mero *merchandising*. Como costuma dizer nosso amigo Giovanni Rivetti: "Além de Hollywood, nos Estados Unidos, e de Bollywood, na Índia, passamos a ter a *Brandwood*, que está espalhada pelo mundo." Pois *Brandwood* nada mais é do que as marcas se transformando em mídia, gerando conteúdo relevante e competindo pela atenção do consumidor.

Essa tendência inicialmente recebeu o nome de *advertainment*, mesclando as palavras em inglês *advertisement* (publicidade) e *entertainment* (entretenimento). As marcas deixam de se limitar a incluir seu produtos em filmes, séries e novelas e passam a ter o objetivo direto de entreter o público. Não basta simplesmente aproveitar um produto de entretenimento para fazer um anúncio, é preciso *anunciar entretendo*, é encantar o consumidor em potencial. As duas partes, anunciar e entreter, receberam no *advertainment* o mesmo peso.

Advertainment logo evoluiu para o tão falado (mas nem sempre bem compreendido) *branded content*, conteúdo de marca ou comunicação por conteúdo, se expandindo, dessa forma, para muito além do entretenimento.

O *branded content* chegou ao Brasil no início da década de 2010 pelo trabalho de uma empresa chamada Synapsis, nome que era na verdade uma sigla para *synergic ad placement system*, que significa, em tradução livre, "sistema sinérgico de posicionamento publicitário". Como o nome já demonstrava, o objetivo era inserir conteúdo de marca em diferentes veículos.

Autor do livro *Conteúdo de marca*, Leonardo Moura explica que *branded content*

> é um termo que engloba gêneros narrativos que vão além do entretenimento, passando por ficção, esporte, reality shows e conteúdos factuais, inclusive o jornalismo. Todos podem ser endossados e financiados por marcas, desde que declaradamente. E é esse um dos fatores que caracterizam o *branded content*: a marca precisa declaradamente financiar determinado conteúdo, mesmo que não protagonize ou apareça na narrativa.

A marca é a estrela, a marca é a manchete

No cinema, as marcas efetivamente assumiram o protagonismo de muitos filmes. A Lego, por exemplo, se tornou um enorme *case* nessa área, produzindo filmes em parceria com grandes estúdios e marcas licenciadas (*Lego Batman*, de 2017, sucesso de bilheterias em todo o mundo, é o grande *case*) para, audaciosamente indo aonde nenhum brinquedo de montar jamais esteve, fazer de longas-metragens e séries de animação um novo *profit center*.

Algumas empresas começaram a criar seus próprios programas de TV, os chamados *branded shows*. Outras se dedicaram a criar eventos, fazendo departamentos de *live entertainment* se tornarem uma norma em muitas grandes empresas. Elas não mais simplesmente patrocinam eventos de terceiros, tampouco inserem seus produtos neles. Agora, as marcas *produzem* seu próprio festival de música, sua própria competição esportiva e muito mais.

A Red Bull é um exemplo a ser destacado. Com um público-alvo jovem, era interessante para a empresa começar a apostar em esportes radicais e música pop, elevando simples consumidores ao status de seguidores, fãs e embaixadores da marca. Dessa maneira, o engajamento foi potencializado. Além disso, muito mais do que apenas atrelar sua imagem a atividades "descoladas", o fato de passar a produzir os próprios eventos proporcionou à Red Bull o controle total da mensagem a ser transmitida. Como diriam os McLuhan do século XXI, a marca incontestavelmente se tornou a *mídia*.

O mercado de jogos eletrônicos também logo percebeu as potencialidades infinitas dessa tendência. Além de o *product placement* ter se tornado cada vez mais comum em jogos (no

Worms 3D, da Sega, por exemplo, os personagens tomavam — olha eles aí de novo — Red Bull para ganhar mais energia), logo surgiram os *advergames*. O termo se refere a jogos eletrônicos construídos em torno de uma marca, cujo objetivo central é simplesmente divulgá-la. M&M's, McDonald's e a brasileira Guaraná Antárctica foram algumas das que apostaram em games disponibilizados gratuitamente para *smartphones*, computadores ou mesmo consoles mais elaborados. O grande desafio é criar um equilíbrio entre o conteúdo — no caso o chamado *gameplay* — e a publicidade. E isso serve, é lógico, para qualquer tipo de *branded content*.

O conceito pode se estender a todas as mídias. Por que, em vez de somente anunciar em publicações de terceiros, repletas de conteúdos que nem sempre estão 100% alinhados com o seu posicionamento, uma empresa como o Grupo Fleury, de medicina diagnóstica — para usar um exemplo brasileiro —, não cria sua própria revista sobre saúde? Foi exatamente isso que eles fizeram. As companhias aéreas foram pioneiras nisso, editando suas próprias revistas de bordo (a primeira foi a da Pan American World Airways, ainda na década de 1940), mas outros segmentos demoraram um pouco mais para entender que poderiam seguir pelo mesmo caminho. Ford, BMW, Net-A-Porter, Eudora, Forever 21, Pandora, Airbnb são algumas das marcas que têm ou já tiveram revistas próprias.

Na década de 2010, o crescimento do digital levou as marcas a entenderem que poderiam ter mais do que banners em grandes sites e que era possível criar seus próprios portais de conteúdo. A L'Oréal criou o Beleza Extraordinária, voltado a cuidados estéticos, enquanto a Gilette dedicou seu Preparado Pra Valer ao universo masculino. Teve início uma verdadeira corrida, com muitas empresas ousando ir aonde nenhuma marca jamais estivera. A Adidas e a Kraft, por exemplo, lançaram seus próprios canais de TV, respectivamente dedicados ao futebol e à alimentação. A isso se deu o nome de *private-label media*, que podemos chamar de plataformas proprietárias.

A mídia tradicional, obviamente, precisou se mexer para não ficar atrás. Os veículos de imprensa, que entraram numa crise sem precedentes com o advento da comunicação digital e das redes sociais, finalmente se abriram para uma sinergia entre, como chamamos, "a Igreja e o Estado", ou, mais precisamente, entre o editorial e o publicitário, que antes mal se olhavam. De repente, num piscar de olhos, essas duas poderosas entidades da comunicação, até ali tão enfáticas em afirmar e reafirmar sua autonomia e independência, começaram a conversar. E rapidamente entenderam que (como dizia aquela propaganda de cigarro dos anos 1980) tinham muito em comum.

Sim, as marcas têm algo a dizer, algo a informar, algo a comunicar e podem participar de maneira honesta, íntegra e bastante explícita da produção de conteúdo dos veículos de comunicação. E assim estava formalizada a união estável entre os conteúdos publicitário e editorial. O que antes parecia impraticável passou a ser considerado aceitável — ou, mais do que isso, uma necessidade básica. Algo simplesmente natural.

Jornais e revistas abriram espaço para o que ficou conhecido como *advertorials*, provando para todos que a propaganda poderia, sim, se transformar em conteúdo relevante. É o exemplo perfeito da fusão entre a publicidade e o jornalismo. É *a notícia fazendo a propaganda*.

O que é melhor para vender um tênis do que produzir praticamente uma reportagem científica — com linguagem acessível e engajadora, é óbvio — sobre a tecnologia de um calçado de corrida de última geração? Foi o que a Adidas fez, com um *advertorial* que disseca o produto, da produção ao uso. Assim como a Friboi, que se dedicou a ensinar a fazer um bom hambúrguer. Ou O Boticário, que ensinou técnicas de maquiagem. Ou a L'Occitane, que narrou a história das fragrâncias utilizadas em seus principais produtos.

De uma hora para a outra, passou a ser praticamente infinito o volume de empresas que começaram a oferecer conteúdo. As empresas éticas, é bom frisar, fazem isso sempre às claras, sem jamais esconder que aquilo tem origem em uma marca — mas também sem que a atenção do público sobre a informação sofra qualquer alteração. Com o *branded content* não existe mais aquela coisa de o leitor folhear correndo as páginas de anúncios para chegar logo às reportagens principais ou de se levantar para ir ao banheiro ou fazer um lanchinho na hora do intervalo comercial de um programa de TV. Tudo passou a estar integrado, a ser parte intrínseca de um mesmo todo chamado *conteúdo*.

De certa forma, é uma atualização daquilo que as garotas-propaganda faziam mais de meio século atrás. A publicidade entendeu que precisava voltar a falar do produto. Aliás, as mídias digitais abriram espaço para o surgimento das garotas e garotos-propaganda do século XXI, que ganharam um novo nome: *influencers*, os influenciadores digitais, que também gostam de ser chamados de criadores de conteúdo. O conteúdo, que já era o protagonista, nunca havia reinado tão soberanamente.

Nas redes sociais, os *influencers* passaram a fazer exatamente o que as garotas-propaganda faziam nas velhas mídias: apresentar um produto, explicando seu uso, seus benefícios e seus atributos. Esse movimento aconteceu numa brecha deixada pela publicidade, que, por muito tempo, ao se dedicar à percepção e ao conceito, abandonou um didatismo que muitas vezes é fundamental ao marketing.

Um caso emblemático é o de uma marca de azeite que lançou no mercado brasileiro uma linha chamada Colheita ao Luar. Mas que diabos aquilo significava? Como o marketing não explicava, o público logo pensou que aquele era apenas um nome exótico para deixar mais caro um produto idêntico aos demais. Há, no entanto, uma motivação científica para que um azeite seja produzido por azeitonas colhidas à noite. "Quando as azeitonas são colhidas a baixas temperaturas, todo o aroma e qualidade do azeite são preservados, dando origem a um produto de sabor frutado e com menos acidez", ressaltou a marca em seu site. Mas essa explicação não foi reproduzida na publicidade, no ponto de venda nem mesmo na embalagem do produto. O consumidor não entendia por que deveria comprar aquilo.

> Por miopia dos profissionais de marketing, que não enxergaram que o mundo novamente exigia da comunicação essa missão didática e educadora, surgiu esse exército de internautas que passaram a explicar o que as marcas deixavam passar batido.

Por miopia dos profissionais de marketing, que não enxergaram que o mundo novamente exigia da comunicação essa missão didática e educadora, surgiu esse exército de internautas que passaram a explicar o que as marcas deixavam passar batido. Esse erro de cálculo perdurou por décadas e só foi notado quando pessoas comuns, até então simples consumidores, começaram a lotar canais no YouTube e perfis no Instagram com os tais *unboxings*, vídeos que acompanhavam o processo de abertura da caixa de um produto, sua montagem e seus primeiros usos. A popularidade desse tipo de conteúdo foi tanta que, para grande parte dos consumidores, passou a ser um item de consulta obrigatória antes da concretização de uma compra.

Em pouco tempo, qualquer pessoa com uma boa quantidade de seguidores nas redes sociais se tornou um *influencer* em potencial. As marcas, é lógico, foram atrás do novo filão. As chamadas "publis" — outra variação ao estilo *millennial* dos comerciais com as garotas-propaganda — inundaram os *feeds*. Foi aí que a Torre de Babel da comunicação chegou ao ápice.

A era do propósito

Chegamos à década de 2020, e tudo muda mais uma vez. A migração para o digital é condição *essencial* para que uma empresa consiga se manter saudável e próspera no mundo de hoje. O problema é que isso não é mais o suficiente. A tonicidade, a ênfase da publicidade, levantou voo e foi pousar no *propósito*, na contribuição da marca à sociedade.

Houve, em primeiro lugar, um retorno às origens e a mensagem voltou a ser prevalente ao meio. Mas, em virtude da proliferação das mídias, característica mais marcante da atualidade (temos hoje setenta trilhões de páginas na web), outro ponto basal é a retomada do *diálogo*. Se está todo mundo falando sem parar, vai se destacar a marca que, além de saber se expressar de acordo com o que pede o nosso tempo, estiver ouvindo e, acima de tudo, respondendo a essa escuta de maneira honesta e humanizada.

Esse diálogo, a troca entre marca e consumidor que se tornou o ponto central do marketing desta década, é o que chamamos de *engajamento*. As empresas embarcaram numa dura disputa por esse elemento tão raro, que passou a ser a nova forma de mensurar resultados de marketing e para onde foi desviada grande parte das verbas da publicidade.

Mas o engajamento de que falamos aqui não é a mera contabilização de *likes* em posts de redes sociais, as "interações" que muitas empresas usam como indicadores de performance e de sucesso de uma campanha. Não é à toa que muitos especialistas em marketing digital chamam esses dados de "métrica de vaidade". O que representa um *like*? O que ele significa em termos de resultados? Como isso se enquadra nos objetivos de comunicação da empresa? Precisamos ir além dos *likes*. Esses cliques revelam apenas que alguém (ou, muito possivelmente, um robô) gastou uma fração de segundo do seu dia dando um clique no seu post. Certamente não é isso que vai definir o futuro do seu negócio.

O engajamento real é algo capaz de provocar conexão, ignição, paixão. É o que vai pegar o cliente pela mão e trazê-lo para o lado da sua empresa — e por muito mais tempo do que a duração de um clique.

Mas como gerar essa conexão, essa ignição, essa paixão?

A resposta está sendo soprada no vento há algum tempo, mas nem todos foram capazes de pegá-la no ar. Já demos esse *spoiler*: estamos falando do *propósito*. E teremos um capítulo inteiramente dedicado a este tema.

Uma pesquisa da Edelman realizada em 2019 mostrou que três em cada quatro brasileiros evitam a publicidade pura, mas 64% esperam que as marcas assumam um papel maior na sociedade. Um relatório mais recente, o "Edelman Trust Barometer 2021: Confiança, o Novo Capital da Marca", mostra exatamente isso: 72% dos brasileiros afirmam se sentir mais atraídos por "marcas focadas em fazer do mundo um lugar melhor". Assim, o ADucation consegue atingir esse público, que espera mais das empresas e abre mão da publicidade nua e crua. O recado está bem dado.

Só um propósito legítimo e, sobretudo, colocado de fato em prática tem a capacidade de engajar verdadeiramente as pessoas. Essa percepção de que questões como igualdade, inclusão e sustentabilidade precisam guiar a comunicação já se concretizou e é agora uma certeza tão forte que vemos empresas se arriscando em movimentos políticos, corajosamente assumindo posicionamentos e enfatizando seu propósito num mundo onde a polarização política vem se intensificando. Há, certamente, algum nível de risco envolvido, mas, quando a mensagem é bem direcionada, os ganhos recompensam a ousadia.

> Só um propósito legítimo e, sobretudo, colocado de fato em prática tem a capacidade de engajar verdadeiramente as pessoas.

Foi o que fez o McDonald's ao inverter o "M" de seu logo para dar protagonismo ao "W" de *woman*, mulher em inglês, tornando as consumidoras protagonistas da história narrada pela marca. Foi o que fez também a Ben & Jerry's, uma das marcas de sorvete mais populares nos Estados Unidos, quando colocou no mercado, em 2018, uma edição especial sabor "resistência" numa embalagem estampada por ilustrações representando imigrantes e indígenas, em um ato explicitamente crítico às políticas do governo do então presidente Donald Trump.

As fases da publicidade, como já dito, não se sucedem num fluxo harmônico e perfeitamente delineado. Na década passada, muitas empresas já estavam antecipando a tonicidade dos anos 2020. Em 2012, a Patagonia publicou um anúncio de página inteira no *New York Times*, o maior jornal do mundo, estampando em letras garrafais: "Não compre esta jaqueta", sendo que as jaquetas são o carro-chefe da empresa. Em seguida, um texto, formatado de maneira muito semelhante aos dos anúncios da primeira fase da publicidade, explicava: "Não compre o que você não precisa. Pense duas vezes antes de comprar qualquer coisa."

A Patagonia já sabia que não era suficiente uma marca de roupas demonstrar que usava matéria-prima ecológica e manufaturada de forma justa. Isso era o *default*, não mais do que a obrigação, e o consumidor precisava de mais. Os discursos anticonsumismo e, podemos dizer, *antiestablishment*, tornaram-se marca registrada da empresa — que, curiosamente (ou naturalmente), passou a vender mais do que nunca. Em 2014, suas ações subiram 150% em relação a 2007.

Repare bem: uma empresa resolve "desvender" o que deveria estar vendendo para dar ênfase ao seu propósito, que é evitar o desperdício, interromper o consumismo, cuidar do planeta. O sucesso de uma empreitada como essa não deixava dúvidas de que o propósito seria a nova bússola da propaganda e da publicidade na década seguinte. As empresas logo embarcaram numa nova corrida do ouro — "ouro" que passou a atender pelo nome de propósito, elemento que viria a dominar as campanhas de marketing.

Mas, de novo, não adianta ficar só no discurso. Como dizia aquele anúncio de refrigerante, "imagem não é nada, sede é tudo". Propósito é algo que não basta ser verbalizado: ele precisa ser vivenciado. Mais do que falar, as marcas têm de *fazer*. Não adianta colocar no ar um anúncio descolado com uma mensagem bonita; é necessário de fato contribuir para a melhoria da sociedade e do planeta. Não dá para as empresas simplesmente transformarem seu propósito num slogan, numa campanha, num monólogo. É mais do que fundamental que elas *vivam* o seu propósito.

Nesta década de 2020, o propósito deve ser parte do DNA de uma empresa. Se antes já era importante *ter* um propósito, agora é essencial de fato *ser* esse propósito. Para convencer o público de sua mensagem, é mandatório que o propósito se transforme na real identidade de uma empresa. Você é o que você defende. Uma empresa, antes de saber o que fazer, precisa entender quem ela é ou, acima de tudo, *quem ela quer ser*.

A função do marketing sempre foi projetar sobre a marca uma luz oblíqua de tal forma que a sombra resultante seja maior do que a sua dimensão de fato. Significa transmitir o que você será, e não apenas o que é. E isso não representa, como gostam de apontar alguns críticos, uma mentira, nem mesmo um exagero. É imaginar, é sonhar, é expressar uma visão futura de si mesma e, também, de seus consumidores. Essa visão grandiloquente busca expandir os horizontes da empresa para que ela e os clientes possam seguir juntos em uma jornada de transformação. E isso a marca faz expressando seu caminho, sua intenção, o tamanho que ela quer ter e aonde ela quer chegar.

As campanhas de marketing, então, estão aos poucos se transformando em verdadeiras *ações* (não no sentido de *projetos*, mas de *realizações*) nas quais causas e propósitos assumiram de vez a linha de frente.

O que temos é, no fundo, uma transformação conceitual. Primeiro, do *que* eu faço para *por que* eu faço. Saímos da diferenciação ("meu produto rende mais, meu produto lava melhor") para o ponto de vista ("toda pessoa tem o direito de vestir uma roupa perfumada e cheirosa"). Com isso, em vez de criar comunicação, passamos a criar movimento: movimento da marca, movimento do público, movimento da sociedade, movimento da humanidade. Deixamos simplesmente de competir e *nos distinguimos em nossa essência*. Vamos além da ética nos negócios e promovemos consciência social. Mais do que fazer comunicação, seguimos para a ação. Transformamos o *storytelling* ("contar histórias") e partirmos, confiantes, para o *storydoing* ("fazer histórias").

Vamos de um ponto ao outro:

> De "o quê" para o "porquê".
> Da "diferenciação" para o "ponto de vista".
> Da "ética nos negócios" para a "consciência social".
> Da "competição" para a "distinção".
> Da "comunicação" para a "ação".

Propósito, enfim, não é sobre quem eu *sou*, é sobre quem eu *quero ser*. E por isso se tornou um elemento capital nos exercícios de marketing, de comunicação e de publicidade desta década em que estamos.

Educação como forma de engajamento

Quando falamos de propósito, entramos na seara da filosofia, da metafísica, e por isso nos debruçaremos ainda mais sobre esses conceitos no próximo capítulo (ainda que o tema certamente renda um livro inteiro, ou uma série de livros, ou quem sabe toda uma biblioteca). Propósito é aquilo que nos move, que nos guia. É tanto como você vê o mundo quanto como você se vê neste mesmo mundo. Ou seja, para que eu existo? O que eu acredito que o mundo precisa neste momento? E como posso colaborar para que isso aconteça?

Mas, por enquanto, o que precisa ficar evidente é que no marketing o propósito é a ponte — ou, como preferimos dizer (e logo você entenderá o porquê), a *faísca* — que vai levar ao ADucation. Saímos da recente onda do *branded content*, em que as marcas produziam conteúdos para atingir o público e, agora, estamos começando a vê-las *produzir educação* como forma de posicionamento e engajamento.

Do *branded content* passamos para o *branded teaching*, que vai além de informar sobre um produto e fazer com que uma marca seja lembrada. A ideia é *formar* o público no que se refere a um propósito, conscientizando-o, da maneira mais abrangente possível, sobre a causa da empresa. Em outras palavras, enquanto o *branded content* incita, o *branded teaching* realiza e faz a diferença.

> Marcas educadoras não existem unicamente para ensinar o público a consumir um produto, mas, principalmente, para ajudar esse público a evoluir em nível pessoal e social.

Muitas empresas podem estar há anos falando sobre sustentabilidade, fazendo campanhas maravilhosas em defesa do meio ambiente e da biodiversidade, mas nunca ensinaram sobre aquilo que acreditam e apresentam em sua comunicação. Jamais fizeram qualquer coisa que pudesse tornar seu público também capaz de mudar o mundo. Balizado pelo *branded teaching*, o conceito de ADucation vem justamente oferecer às empresas a possibilidade de usar a educação como ferramenta de comunicação. É um novo passo dentro desta quarta fase.

Marcas educadoras não existem unicamente para ensinar o público a consumir um produto, mas, principalmente, para ajudar esse público a evoluir em nível pessoal e social. Esse é o objetivo central do ADucation: não estamos falando de uma educação formal, com professor, giz e lousa, nem mesmo de um mero ensino a distância (EAD), mas de algo com um sentido muito mais amplo. É uma educação feita por meio de metodologias de transmissão de informação e uso consciente do propósito.

O ADucation combina o melhor de todas as fases da propaganda, e afirmamos isso com embasamento, sem *fake news*; afinal, assim como na primeira fase, quando tínhamos muito tempo para explicar todos os atributos de um produto, o ADucation nos dá liberdade para aprofundarmos didaticamente um tema, por meio de palestras, workshops ou mesmo cursos longos oferecidos ao público pelas marcas.

Além disso, o ADucation herda o impacto da segunda fase ao proporcionar percepções positivas naturais e espontâneas sobre os atributos da marca e em relação à concorrência. E isso se dá porque há uma relação biunívoca entre ensinar (ou *compartilhar conhecimento*) e ser líder. É algo que as pessoas costumam perceber intuitivamente: aquele que conhece um caminho — e ao mesmo tempo está disposto a continuar aprendendo — pode, sem dúvida, ser guia.

Também, assim como na terceira fase, o ADucation tem foco na produção de conteúdo e faz bom uso das plataformas digitais, já que elas são o principal caminho pelo qual as marcas podem abordar seus produtos e seu propósito de maneira integrada ao conteúdo que oferecem.

O ADucation está intimamente ligado ao conceito de propósito. É o propósito que nos faz ter não apenas meros espectadores, mas participantes de uma comunidade. A melhor forma de tangibilizá-lo é através da educação, que expressa de maneira convicta e otimizada aquilo em que acreditamos. Passar adiante o que nos move, ensinar, transmitir conhecimento, talvez seja uma das manifestações mais genuínas do propósito.

Ao mesmo tempo, a educação é uma forma de disseminar os conceitos em que uma marca acredita — e, assim, formar evangelistas não do produto, mas daquilo que a marca acredita e seu produto *representa*.

Assim, mais do que nunca, ao priorizar a educação, as marcas são capazes de gerar uma verdadeira contribuição aos clientes e à comunidade em geral, ensinando, treinando, motivando e engajando pessoas na sua causa. O *lifelong learning*, que é a educação do futuro (que já começou), está nas mãos das empresas. Elas finalmente começaram a entender que o esforço publicitário e a busca por diferenciação posicional podem trazer resultados efetivos quando orientados pela educação continuada. O futuro da publicidade depende da educação, e vice-versa.

Resumindo: nesta nova fase, a comunicação deve necessariamente ser individualizada no *target*, sutil na forma, didática na abordagem, verdadeira na essência e relevante no propósito; tudo isso sem, obviamente, perder de vista o que toda publicidade sempre precisou ser: criativa e pertinente.

A relação entre a publicidade e a educação está consumada, isso é fato. Elas nasceram uma para a outra. Lembrando que quando falamos de educação não estamos necessariamente falando de um ambiente de ensino formal. O ADucation não precisa de parcerias com instituições de ensino para acontecer, não estamos dizendo que toda empresa deve montar uma escola em sua sede. O ADucation vai muito além: ele é sobre disseminar um propósito pelo conteúdo de marca, e isso pode ser feito com cursos on-line gratuitos acessados por QR Code em suas embalagens, organização de encontros sazonais, edição de livros temáticos, documentários em canais de *streaming* e muito mais.

O próximo passo é fazer todas as marcas entenderem como transformar propósito em movimento. É só quando essa roda gira que as pessoas começam a amar uma determinada marca e a contar aos amigos sobre ela. Esse é o ponto de virada para que clientes se tornem embaixadores, disseminando de forma orgânica tudo aquilo que sua marca fala, faz, produz e *pensa*. Agora, vamos viajar para o universo do propósito. Afinal, essa é a base para o ADucation.

CAPÍTULO 3

O universo
do propósito

Acreditamos que a conexão com um propósito genuíno e transformador é a essência que impulsiona o ADucation. Por isso, teremos um capítulo dedicado inteiramente ao universo do propósito. Obter uma compreensão profunda sobre o verdadeiro significado do propósito empresarial se faz totalmente necessário, pois sem ele não há ADucation.

Considerando, portanto, a relação direta entre propósito e ADucation, exploraremos o conceito de propósito empresarial, sua relevância para os negócios e como podemos descobrir o propósito de uma empresa.

DIAGRAMA DO ADUCATION

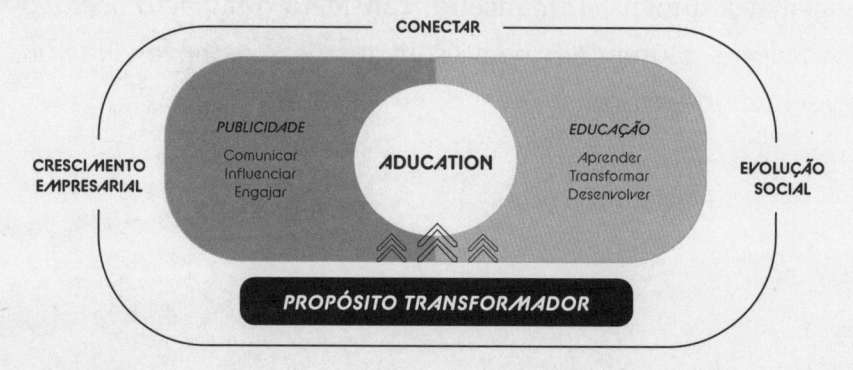

CONECTAR

CRESCIMENTO EMPRESARIAL

PUBLICIDADE
Comunicar
Influenciar
Engajar

ADUCATION

EDUCAÇÃO
Aprender
Transformar
Desenvolver

EVOLUÇÃO SOCIAL

PROPÓSITO TRANSFORMADOR

A imagem anterior ilustra o **Diagrama do ADucation**, uma maneira de compreender visualmente o conceito em perspectiva macro. Na base, temos o propósito transformador, tema central deste capítulo. A partir da conexão com o propósito, podemos ver a integração entre a publicidade e a educação, gerando o ADucation. Na dimensão da publicidade, o diagrama reforça três contribuições fundamentais da publicidade para o ADucation: comunicar, influenciar e engajar. Do lado direito, o diagrama também reforça três contribuições fundamentais da educação para o ADucation: aprender, transformar e desenvolver. Na terceira camada, observam-se os resultados sistêmicos deste casamento: evolução social e crescimento empresarial. Ou seja, o diagrama deixa claro que o ADucation deve gerar valor para os negócios e para o mundo, conectando negócios à sociedade a partir de uma causa relevante.

O novo significado do sucesso empresarial

No panorama empresarial que temos hoje, o propósito tem ganhado destaque como um elemento estratégico central para o sucesso. E aqui não estamos falando apenas do sucesso financeiro, mas de um novo significado de sucesso, que, além de englobar a dimensão financeira, considera o impacto positivo causado no mundo e o bem-estar das pessoas envolvidas no crescimento do negócio.

Metáforas para compreender o propósito empresarial

O propósito como a bússola: Assim como uma bússola guia um viajante em direção ao seu destino, o propósito orienta uma empresa em sua jornada. Ele fornece um norte claro, ajudando a empresa a tomar decisões estratégicas e a se manter no caminho certo, mesmo diante de desafios e adversidades.

O propósito como o coração da empresa: Assim como o coração é vital para o funcionamento do corpo humano, o propósito é vital para o funcionamento de uma empresa. Ele é a essência que impulsiona todas as ações e decisões, dando vida à organização. Sem um propósito pulsante, a empresa perde sua vitalidade e corre o risco de se tornar vazia e sem sentido.

O propósito como a estrela-guia: Assim como uma estrela-guia é usada para encontrar o caminho em uma noite escura, o propósito é uma luz que ilumina o caminho da empresa. Ele oferece clareza e direção, permitindo que ela siga um rumo definido em direção aos seus objetivos e aspirações.

O propósito como a semente: Assim como uma semente contém o potencial para se transformar em uma árvore frondosa, o propósito contém o potencial para impulsionar o crescimento e o desenvolvimento da empresa. Ele é o ponto de partida para a jornada, e à medida que é nutrido e cultivado, pode florescer e gerar resultados extraordinários.

O propósito como a cola que une: Assim como a cola mantém as partes de um objeto juntas, o propósito une as pessoas e os esforços em uma empresa. Ele cria um senso de unidade e pertencimento, permitindo que todos trabalhem em harmonia em direção a um objetivo comum. Sem essa cola, a empresa se fragmenta e perde a coesão.

O propósito como a raiz que nutre: Assim como as raízes de uma árvore são responsáveis por absorver os nutrientes do solo e fornecer sustento para o crescimento, o propósito é a raiz que nutre a empresa. Ele é a fonte de energia e inspiração que alimenta todos os aspectos do negócio, desde a cultura organizacional até as iniciativas estratégicas. Sem raízes sólidas e profundas, a empresa pode enfrentar dificuldades para se desenvolver e prosperar.

O propósito como o DNA: Assim como o DNA contém todas as informações genéticas que moldam um organismo vivo, o propósito é o DNA da empresa. Ele carrega a identidade única da organização, influenciando sua cultura, valores e comportamentos. Assim como o DNA determina as características e habilidades de um indivíduo, o propósito define a personalidade e a direção da empresa. É uma parte intrínseca da sua essência e diferenciação no mercado.

O significado de sucesso empresarial está realmente se transformando. Atualmente, uma empresa que gera faturamento, lucro e caixa, mas não cuida das pessoas nem do planeta, já não é mais considerada uma empresa de sucesso por muitos. O Sistema B é uma das organizações que mais tem disseminado esses conceitos ao redor do mundo. Em seu site, lê-se: "O Movimento Global de Empresas B foi criado em 2006 nos Estados Unidos com objetivo de redefinir o sucesso na economia para que sejam considerados não apenas o êxito financeiro, mas também o bem-estar da sociedade e do planeta." O objetivo, portanto, é criar e integrar uma comunidade global de líderes que usam os seus negócios para a construção de um sistema econômico mais inclusivo, equitativo e regenerativo para as pessoas e para o planeta.

Não importa o tamanho ou o segmento de uma empresa, a clareza do propósito é uma das bases para seu crescimento sustentável. Muito mais do que um posicionamento de marca ou uma declaração inspiracional, o propósito empresarial representa a razão de ser de uma organização, seu desejo de contribuição única para o mundo e sua verdadeira ambição de causar um impacto transformador e positivo na sociedade.

> Não importa o tamanho ou o segmento de uma empresa, a clareza do propósito é uma das bases para seu crescimento sustentável.

O propósito empresarial refere-se à razão fundamental pela qual uma empresa existe, para além da obtenção de lucro. Como diria Vitor Igdal, atual presidente da ABRH-Bahia: "O propósito representa a verdadeira razão social de um negócio." Ele transcende as metas financeiras e busca conectar-se com as necessidades mais profundas das partes interessadas, como colaboradores, clientes, comunidade e meio ambiente. O propósito guia as ações e decisões da empresa, fornecendo uma direção clara e inspiradora para o negócio. Quando falamos de propósito, não estamos considerando apenas objetivos ou metas, mas sim um significado mais profundo por trás da existência da organização, aquele que está diretamente ligado ao desejo de servir e fazer a diferença no mundo.

Mesmo sendo intangível, o propósito influencia diretamente todos os resultados tangíveis da empresa. O propósito é o que mobiliza, energiza, encanta, gera brilho nos olhos e faz o coração vibrar. É uma causa que transcende o ego e traz sentido para a vida. O propósito está ligado diretamente ao desejo natural do ser humano de servir e perceber que sua vida tem valor, utilidade e significado. A nível individual, o propósito de cada ser humano é representado pela expressão dos seus talentos a serviço do bem comum. O propósito de vida de uma pessoa é aquilo que a motiva a levantar de manhã, é a expressão da sua verdadeira essência, a materialização da sua singularidade em prol de uma causa que motiva, inspira e mobiliza. Aristóteles dizia que: "Quando seus talentos encontram as necessidades do mundo, ali está o seu lugar." No contexto empresarial, poderíamos dizer que "quando seus produtos e serviços servem as necessidades do mundo, ali está o seu propósito".

Em seu livro *O jogo infinito*, Simon Sinek, um dos principais responsáveis pela disseminação deste tema ao redor do mundo, afirma que a nova responsabilidade da liderança é levar adiante um propósito transformador, cuidar das pessoas e do planeta e gerar faturamento e lucro a fim de continuar tendo combustível para fazer as duas etapas anteriores.

E, embora nossa atual maneira de fazer negócios se mostre cada dia mais ultrapassada, o mundo empresarial vem buscando se atualizar, estabelecendo novas práticas, conceitos e estratégias. Vamos explorar esses novos paradigmas nesta tabela, que compara o modelo antigo e o modelo atualizado.

Característica	Empresas com propósito	Empresas sem propósito
Objetivo principal	Buscam gerar impacto social ou ambiental positivo e fazer a diferença na sociedade, além do lucro financeiro.	Priorizam o lucro financeiro a qualquer custo, como único objetivo central.
Missão e valores	Definem uma missão e valores que refletem o propósito transformador da empresa.	Tem missões e valores voltados apenas para a eficiência financeira.
Stakeholders	Consideram uma ampla gama de *stakeholders*, incluindo colaboradores, clientes, comunidades locais e meio ambiente.	Consideram principalmente os acionistas e o retorno financeiro para eles.
Tomada de decisão	Se valem do propósito como bússola para a tomada de decisão.	Se valem apenas do desejo por lucro para a tomada de decisão.
Medição de desempenho	Além dos indicadores financeiros, também medem e relatam o impacto social e ambiental de suas atividades.	Concentram-se apenas em métricas financeiras, como lucro, receita e retorno sobre o investimento.

Característica	Empresas com propósito	Empresas sem propósito
Responsabilidade social	Buscam ativamente contribuir para a sociedade, investindo em iniciativas de responsabilidade social e sustentabilidade.	Enxergam tudo como custo e só realizam ações sociais para melhorar sua imagem e reputação.
Relação com colaboradores	Valorizam os colaboradores, proporcionando um ambiente de trabalho saudável, segurança psicológica, desenvolvimento profissional, engajamento e felicidade no trabalho.	Podem priorizar a eficiência financeira em detrimento das necessidades e bem-estar dos colaboradores. Enxergam o funcionário apenas como meio para gerar eficiência e lucro.
Campanhas publicitárias	Comunicam seus propósitos, crenças, valores e causas através de campanhas educacionais inspiradoras que fazem a diferença na vida das pessoas.	Tendem a focar em campanhas publicitárias voltadas para a promoção de produtos ou serviços, visando apenas o aumento das vendas.

Os benefícios do propósito empresarial

Ter um propósito transformador bem-definido e bem disseminado em uma empresa pode trazer inúmeros benefícios significativos, em todas as dimensões do negócio. Seja no engajamento dos colaboradores, na relevância da marca ou no encantamento dos clientes, o propósito é um fator absolutamente decisivo.

Agora, vamos explorar cada um dos principais benefícios desse conceito, em tópicos que temos percebido na prática com nossos clientes e em nossos próprios negócios.

1. **Engajamento e motivação dos colaboradores:** Um propósito transformador inspira e engaja os colaboradores, conectando-os a um sentido maior. Eles se sentem motivados a contribuir para uma causa significativa, o que resulta em maior produtividade, satisfação e retenção de talentos. Afinal, o desejo de viver um propósito é uma necessidade existencial intrínseca do ser humano.
2. **Atração de talentos de qualidade:** Empresas com um propósito transformador atraem profissionais talentosos que compartilham dos mesmos valores e aspirações. A reputação da empresa como um local de trabalho inspirador e com impacto positivo atrai candidatos de alto nível, visto que muitos dos grandes talentos das novas gerações tendem a buscar posições que estejam alinhadas a transformações sociais positivas.
3. **Orientação estratégica:** O propósito transformador serve como um guia para a tomada de decisões estratégicas. Ele fornece uma direção clara e ajuda a empresa a definir metas e prioridades que estejam alinhadas com sua missão e valores. Ou seja, o propósito é como uma bússola que orienta a tomada de decisão e o direcionamento do negócio. Em um ecossistema empresarial tão complexo quanto o

atual, ter uma ferramenta de tomada de decisão tão poderosa faz toda a diferença.

4. **Diferenciação no mercado:** Um propósito transformador autêntico é um ponto de diferenciação no mercado. A empresa deixa de ser percebida como um negócio que vende produtos e passa a ser vista como um movimento que defende uma causa. O público identifica que o negócio vai além das transações comerciais: gera transformações sociais. De modo geral, os consumidores têm buscado cada vez mais marcas comprometidas com um sentido maior e que demonstrem verdadeiro interesse em gerar um impacto positivo na sociedade. Isso pode levar a um maior reconhecimento da marca, lealdade do cliente e vantagem competitiva.

5. **Inovação e criatividade na empresa:** Por meio de um propósito transformador, os colaboradores são encorajados a pensar de forma disruptiva, encontrando soluções que abordem os desafios da sociedade, em vez de focar apenas em "como vender mais produtos". Isso impulsiona os talentos e a busca por novas oportunidades de negócios.

6. **Resiliência em tempos de mudança:** Empresas com um propósito transformador são mais resilientes em tempos de incerteza e mudança. O propósito fornece uma base sólida e uma direção clara, permitindo que a empresa se adapte e se recupere de desafios e crises de forma mais eficiente. Quando a empresa entende que está empreendendo por uma causa maior, para gerar uma transformação positiva na sociedade, tende a ter mais força e coragem para superar os desafios

e seguir na direção do propósito. Como disse Viktor Frankl, criador da logoterapia: "Quem tem um 'porquê' enfrenta qualquer 'como'."
7. **Construção de parcerias estratégicas:** Empresas com um propósito transformador podem atrair parcerias estratégicas com outras organizações que compartilham dos mesmos valores e objetivos. Essas parcerias fortalecem a capacidade da empresa de criar impacto e alcançar resultados significativos. Cada vez mais as grandes organizações priorizam a conexão com marcas relevantes, que representam causas e defendem valores.
8. **Reputação e confiança:** Um propósito transformador bem disseminado fortalece a reputação da empresa e constrói a confiança dos *stakeholders*. A transparência e a coerência entre o propósito e as ações da empresa geram confiança, o que pode resultar em relacionamentos duradouros com clientes, fornecedores e investidores.
9. **Um propósito transformador** coloca a empresa em uma posição ideal para criar um impacto social e ambiental positivo e construir um legado do bem. Mais do que deixar algo *para* as pessoas, uma empresa com propósito deixa algo *nas* pessoas. Isso transforma a empresa em motivo de realização, completude e orgulho para quem faz parte dela e em uma plataforma de construção do legado dos times que estão conectados a ela.
10. **Sentimento de significado e realização:** Ter um propósito transformador proporciona aos colaboradores um senso de significado e realização profissional. Sentir que estamos contribuindo para algo maior do que nós mesmos aumenta a satisfação pessoal e o bem-estar no trabalho. Como o propósito é uma das bases

para a felicidade, ele contribui diretamente para o desenvolvimento da felicidade no ambiente de trabalho.
11. **Estratégias de marketing inspiradoras:** Empresas com um propósito nobre podem expressá-lo por meio de campanhas inspiradoras que geram valor para a marca e transformações positivas na vida das pessoas. Quando há um propósito verdadeiro, é possível construir campanhas relevantes de forma muito mais orgânica. Afinal, uma empresa com propósito deseja transbordar seu melhor para o mundo. É justamente aqui que está a relação entre propósito e o ADucation. Somente uma empresa com propósito bem-definido pode tangibilizá-lo através de iniciativas de ADucation. Antes de comunicar, é preciso clarificar. Afinal, ADucation é um movimento de dentro para fora, e não de fora para dentro. Ou seja, é sobre manifestar o coração da empresa através do casamento entre publicidade e educação.

Estudos relevantes sobre o poder do propósito nos negócios

Estudo da Deloitte e Imperative: A Deloitte e a Imperative conduziram uma pesquisa global sobre propósito no local de trabalho. O estudo envolveu mais de 2.500 profissionais de diversos setores e descobriu que aqueles que encontraram um propósito em seu trabalho experimentaram maior satisfação, engajamento e bem-estar. As pessoas também relataram níveis mais altos de fidelidade à empresa e maior disposição para se esforçar além das expectativas.

Pesquisa do Gallup: O instituto Gallup, renomado por suas pesquisas sobre engajamento no trabalho, descobriu que os colaboradores que se conectam a um propósito no trabalho têm maior probabilidade de se manterem engajados. Eles tendem a ser mais produtivos e a sentir mais satisfação no trabalho e estão menos propensos a deixar a empresa.

Estudo da Wharton e BCG: Um estudo conduzido pela Wharton School da Universidade da Pensilvânia em parceria com a Boston Consulting Group (BCG) apresentou que as empresas que adotam um propósito forte experimentam maior engajamento dos colaboradores. O estudo revelou que os colaboradores em organizações com um propósito claro eram mais dedicados, comprometidos e motivados a alcançar metas de negócios.

Pesquisa do EY Beacon Institute: O EY Beacon Institute conduziu um estudo global cujos resultados demonstraram que o propósito é um fator crítico para o engajamento e a produtividade dos colaboradores. O estudo descobriu que as empresas que conseguem alinhar o propósito pessoal dos colaboradores ao propósito organizacional têm uma força de trabalho mais engajada e de alto desempenho.

Para conhecer mais estudos, acesse o QR Code a seguir e faça o download do material sobre A ciência do propósito:

Entre lucro e propósito, fique com os dois

No mundo dos negócios, lucro e propósito são frequentemente vistos como conceitos opostos ou em conflito. No entanto, uma visão mais abrangente revela que esses dois elementos não apenas podem coexistir, como também se fortalecem mutuamente. Não apenas o propósito contribui para o lucro; o lucro também contribui ativamente para a expansão do propósito, criando um ciclo virtuoso de impacto positivo.

É verdade que o propósito vai além da busca pelo lucro financeiro imediato. Como já vimos, ele representa a razão de ser de uma empresa, sua aspiração mais profunda e seu impacto desejado na sociedade. O propósito envolve a identificação de um problema ou necessidade social que a empresa está comprometida em resolver ou atender. Essa causa, quando autêntica e genuína, chama a atenção das pessoas, desperta seu engajamento e cria um vínculo emocional com a marca.

Ao comunicar e viver seu propósito de forma consistente, a empresa pode atrair clientes fiéis, colaboradores engajados e parceiros alinhados com seus valores. Isso, por sua vez, gera um aumento da confiança e lealdade dos clientes, melhora a reputação da marca e fortalece a percepção do valor agregado que a empresa oferece. Esse engajamento e a lealdade dos clientes contribuem para o crescimento sustentável e, consequentemente, para o aumento dos lucros.

No entanto, a relação entre propósito e lucro não é apenas unilateral. O ganho financeiro também desempenha um papel fundamental no fortalecimento do propósito, visto que se trata de um recurso essencial para investir na causa que a empresa defende e para ampliar o impacto positivo que ela busca gerar. Com recursos financeiros adequados, a empresa pode desenvolver e implementar projetos de responsabilidade social, apoiar iniciativas sustentáveis, investir em pesquisa e desenvolvimento de produtos inovadores e até expandir sua atuação geográfica, ampliando seu impacto no mundo.

Boas margens de lucro permitem que a empresa invista em seu próprio crescimento e fortalecimento, adquirindo conhecimento, tecnologia e talento necessários para enfrentar desafios e promover mudanças significativas. A expansão e o desenvolvimento sustentado permitem que a empresa amplie seu alcance, aumente seu impacto e tenha uma base financeira sólida para continuar impulsionando sua causa no longo prazo.

Propósito e lucro são, portanto, elementos intrinsecamente interligados. O propósito direciona a empresa, inspira seus colaboradores e atrai clientes engajados, contribuindo para o crescimento e a sustentabilidade financeira. Ao mesmo tempo, o lucro fornece os recursos necessários para investir na causa e ampliar o impacto desejado, alimentando o propósito e criando um ciclo virtuoso que beneficia tanto a empresa quanto a sociedade.

> Propósito e lucro são, portanto, elementos intrinsecamente interligados.

Nesse sentido, é fundamental compreender que o lucro não é um fim em si mesmo, mas sim um meio para alcançar e fortalecer o propósito da empresa. Quando o propósito e o lucro caminham de mãos dadas, a empresa se posiciona de forma sólida e autêntica, encontrando um equilíbrio entre o sucesso financeiro e a contribuição positiva para a sociedade. E é justamente a partir dessa integração que as empresas podem gerar um impacto significativo e duradouro, construindo um legado que transcende as métricas financeiras e promove uma verdadeira mudança na sociedade.

O equilíbrio entre afetividade e efetividade

Para gerar lucro com propósito, é fundamental equilibrar afetividade e efetividade, duas dimensões essenciais para o sucesso de uma empresa. Embora possam parecer opostas à primeira vista, é preciso entender que elas devem andar de mãos dadas para criar uma organização equilibrada e de alto desempenho.

A afetividade se refere às relações humanas, ao cuidado com as pessoas e ao cultivo de um ambiente de trabalho saudável e acolhedor. É a capacidade de construir conexões emocionais entre os colaboradores, promover um sentimento de pertencimento e respeito mútuo. Quando a afetividade é cultivada dentro de uma empresa, cria-se um ambiente de trabalho positivo, onde os colaboradores se sentem valorizados, motivados e engajados. Isso resulta em maior satisfação no trabalho, colaboração efetiva e bem-estar geral.

Por outro lado, a efetividade está relacionada à produtividade, à realização de metas e à busca pela excelência nos resultados. Envolve a criação e manutenção de processos eficientes, o uso adequado dos recursos e a tomada de decisões baseadas em dados e análises. Ou seja, é um processo fundamental para alcançar o crescimento e a sustentabilidade financeira da empresa, bem como para atender às demandas e às expectativas dos clientes.

> A chave para o lucro com propósito é encontrar o equilíbrio entre afetividade e efetividade, reconhecendo que são dois aspectos importantes e complementares.

A chave para o lucro com propósito é encontrar o equilíbrio entre afetividade e efetividade, reconhecendo que são dois aspectos importantes e complementares. Quando a afetividade é negligenciada, as relações de trabalho podem se tornar frias e distantes, resultando em baixa motivação e alto *turnover*. Quando a efetividade é priorizada em detrimento da afetividade, os colaboradores se sentem desvalorizados e sobrecarregados, o que pode resultar em ineficiência e falta de engajamento.

Uma empresa que busca combinar afetividade e efetividade coloca as pessoas em primeiro lugar, reconhecendo que colaboradores engajados e felizes são essenciais para impulsionar a produtividade e a inovação. Ao criar um ambiente de trabalho que promova relacionamentos saudáveis, apoio mútuo e desenvolvimento pessoal, a empresa estimula a criatividade, a colaboração e a retenção de talentos. Em paralelo, a gestão deve adotar práticas efetivas para alcançar metas e resultados. Isso envolve estabelecer objetivos claros, fornecer recursos adequados, promover a melhoria contínua e valorizar a eficiência e a qualidade das entregas.

Quando a afetividade e a efetividade caminham juntas, a empresa se beneficia de colaboradores engajados, equipes coesas, comunicação eficaz e um ambiente propício à inovação e à solução de problemas. Além disso, a combinação desses elementos promove uma cultura organizacional forte e uma reputação positiva, atraindo clientes, parceiros e investidores que compartilham dos mesmos valores. Portanto, afetividade e efetividade devem ser vistas como pilares fundamentais para o sucesso empresarial, ao cultivar relacionamentos saudáveis, promover um ambiente de trabalho acolhedor e ao mesmo tempo priorizar a eficiência e a excelência.

Em linhas gerais, podemos dizer que a afetividade está mais relacionada à liderança e a efetividade está mais vinculada à gestão. Essas duas dimensões desempenham papéis distintos, mas igualmente importantes, no contexto empresarial.

A afetividade, no contexto da liderança, diz respeito à habilidade de estabelecer conexões emocionais com os colaboradores, criar um ambiente de confiança e inspiração. Um líder afetivo é aquele que se preocupa genuinamente com o bem-estar e o desenvolvimento pessoal dos membros da equipe. É um líder que enxerga as pessoas como pessoas, e não como números. Ele demonstra empatia, ouve ativamente, reconhece e valoriza as contribuições individuais. A liderança afetiva promove uma cultura de respeito, colaboração e engajamento, incentivando os colaboradores a darem o melhor de si.

Por outro lado, a efetividade está mais ligada à gestão, envolvendo a definição de metas, a alocação de recursos, o monitoramento de indicadores de desempenho e a implementação de processos eficientes. Uma gestão efetiva busca a maximização dos resultados, a otimização dos processos e a garantia de que as metas sejam alcançadas. Os gestores efetivos são responsáveis por estabelecer estratégias, tomar decisões informadas, identificar oportunidades de melhoria e garantir a entrega de resultados consistentes.

Embora liderança e gestão sejam dimensões distintas, é fundamental que ambas estejam presentes e em harmonia para que o ADucation se materialize de forma sustentável. A liderança afetiva fornece a base emocional necessária para motivar e engajar os colaboradores com o propósito, enquanto a gestão efetiva oferece a estrutura e os recursos necessários para alcançar os objetivos organizacionais.

Uma liderança afetiva aliada a uma gestão efetiva cria um ambiente no qual os colaboradores se sentem valorizados, capacitados e apoiados em sua busca por resultados. Essa combinação permite que os talentos individuais se desenvolvam, promove a inovação, estimula a colaboração e melhora o desempenho geral da equipe.

Portanto, a afetividade e a efetividade desempenham papéis complementares na liderança de movimentos baseados em ADucation. Enquanto a liderança afetiva estabelece as bases para a motivação e o engajamento, a gestão efetiva cria as condições necessárias para o alcance de resultados consistentes. Integrar essas duas dimensões é essencial para construir uma cultura organizacional saudável, impulsionar o crescimento e todas as iniciativas de ADucation.

> Uma liderança afetiva aliada a uma gestão efetiva cria um ambiente no qual os colaboradores se sentem valorizados, capacitados e apoiados em sua busca por resultados.

Como descobrir o propósito empresarial

Agora, vamos explorar o método para descoberta do propósito empresarial. A ideia é que você possa se conectar com o propósito do seu negócio e que, a partir dessa nova consciência, comece a construir suas iniciativas de ADucation na prática. O método é composto por seis etapas e nosso objetivo é conduzi-lo por cada uma delas.

Passo 1: Inquietações sociais

Neste primeiro passo, convidamos você a refletir sobre as inquietações sociais que o mobilizam. Pergunte-se: qual é a diferença que você gostaria de fazer no mundo por meio do seu negócio? Identifique a causa que verdadeiramente toca o seu coração e inspire sua paixão por impactar positivamente a sociedade.

Um dos grandes desafios ao construir um negócio com propósito é identificar a causa ou a missão que está mais alinhada com a essência de sua empresa. Afinal, o propósito é o norte que guiará todas as ações e decisões, dando significado e direção ao seu empreendimento.

Nesse sentido, uma ferramenta valiosa para essa descoberta é a adoção dos Objetivos de Desenvolvimento Sustentável (ODS), estabelecidos pela Organização das Nações Unidas (ONU) em 2015. Os ODS são 17 metas globais que abrangem uma ampla gama de desafios sociais, econômicos e ambientais que a humanidade enfrenta atualmente. Sua criação foi um marco importante, representando um compromisso coletivo de líderes mundiais em prol de um futuro mais sustentável e equitativo. Essas metas são uma diretriz poderosa para direcionar ações em diversas áreas, como erradicação da pobreza, igualdade de gênero, acesso à educação de qualidade, preservação do meio ambiente, entre outros temas cruciais.

Cada uma das 17 metas dos ODS possui indicadores específicos que auxiliam no monitoramento e na avaliação do progresso realizado. Essas metas representam um roteiro abrangente de transformação global, e buscam soluções inovadoras e colaborativas para os desafios que enfrentamos como sociedade.

Ao explorar os ODS em busca de sua causa ou missão, você conectará seu propósito empresarial a um esforço global maior. Eles podem, portanto, ser uma fonte de inspiração e direcionamento, ajudando-o a identificar a área de atuação em que sua empresa pode ter um impacto significativo e alinhado com seus valores.

Por exemplo, se sua empresa se preocupa com a preservação do meio ambiente, a ODS 13 (Ação Contra a Mudança Global do Clima) pode ser uma escolha relevante para orientar sua causa. Se você está comprometido com a redução da desigualdade social, a ODS 10 (Redução das Desigualdades) pode ser o ponto de partida para sua busca de propósito.

Ao mergulhar na história e nos detalhes dos ODS, você terá uma compreensão mais clara dos desafios globais e poderá identificar de que maneira sua empresa pode contribuir de forma significativa. Além disso, ao alinhar sua causa aos esforços internacionais representados pelos ODS, você fortalecerá sua credibilidade e seu impacto, aumentando a relevância e a atratividade de sua empresa para clientes, colaboradores e parceiros.

Lembre-se de que a descoberta do propósito é uma jornada contínua. À medida que sua empresa evolui e o contexto ao seu redor se transforma, é importante reavaliar e realinhar seu propósito para que ele se se mantenha relevante e eficaz.

A seguir, apresentamos um breve resumo dos 17 ODS da ONU para que você possa ter uma visão geral e identificar aquela(s) que mais se alinha(m) com o propósito da sua empresa:

1. Erradicação da pobreza: acabar com a pobreza em todas as suas formas e em todos os lugares.
2. Fome zero e agricultura sustentável: acabar com a fome, alcançar a segurança alimentar e promover a agricultura sustentável.
3. Saúde e bem-estar: assegurar uma vida saudável e promover o bem-estar para pessoas de todas as idades.

4. Educação de qualidade: garantir uma educação inclusiva, equitativa e de qualidade, promovendo oportunidades de aprendizagem ao longo da vida.
5. Igualdade de gênero: alcançar a igualdade de gênero e empoderar todas as mulheres e meninas.
6. Água limpa e saneamento: garantir a disponibilidade e gestão sustentável da água e saneamento para todos.
7. Energia limpa e acessível: assegurar o acesso confiável, sustentável, moderno e a preço acessível à energia para todos.
8. Trabalho decente e crescimento econômico: promover o crescimento econômico sustentado, inclusivo e sustentável, emprego pleno e produtivo e trabalho decente para todos.
9. Indústria, inovação e infraestrutura: construir infraestruturas resilientes, promover a industrialização inclusiva e sustentável e fomentar a inovação.
10. Redução das desigualdades: reduzir as desigualdades dentro dos países e entre eles.
11. Cidades e comunidades sustentáveis: tornar as cidades e os assentamentos humanos inclusivos, seguros, resilientes e sustentáveis.
12. Consumo e produção responsáveis: assegurar padrões de consumo e produção sustentáveis.
13. Ação contra a mudança global do clima: tomar medidas urgentes para combater a mudança climática e seus impactos.
14. Vida marinha: conservar e utilizar de forma sustentável os oceanos, mares e recursos marinhos para o desenvolvimento sustentável.
15. Vida terrestre: proteger, restaurar e promover o uso sustentável dos ecossistemas terrestres, gerir florestas

de forma sustentável, combater a desertificação, deter e reverter a degradação da terra e frear a redução da biodiversidade.
16. Paz, justiça e instituições eficazes: promover sociedades pacíficas e inclusivas para o desenvolvimento sustentável, facilitar o acesso à justiça para todos e construir instituições eficazes, responsáveis e inclusivas em todos os níveis.
17. Parcerias e meios de implementação: fortalecer os meios de implementação e revitalizar a parceria global para o desenvolvimento sustentável.

Perguntas para reflexão:

> Qual problema social, ambiental ou econômico você mais gostaria de ver solucionado?
> Em qual área você acredita que sua empresa pode fazer diferença e ter um impacto positivo?
> Quais são os valores fundamentais de sua empresa e como eles se relacionam com os desafios globais?
> Qual ODS da ONU ressoa mais em sua visão de mundo e seus objetivos empresariais?
> Quais são os talentos, as habilidades e os recursos de sua empresa que podem ser direcionados para uma causa específica?
> Como você imagina sua empresa contribuindo para a construção de um mundo mais sustentável, igualitário e justo?
> Quais são as necessidades e demandas de seus clientes e *stakeholders*, e como elas podem ser atendidas por meio de uma causa específica?

> Em qual área sua empresa tem conhecimento e expertise para criar soluções inovadoras e efetivas?
> Como você deseja que sua empresa seja lembrada no futuro e qual legado você gostaria de deixar para as próximas gerações?
> Qual causa desperta paixão e entusiasmo em você e em sua equipe?

Passo 2: Forças

Agora é hora de explorar as forças e os pontos fortes do seu negócio. Quais são os recursos, as habilidades e os conhecimentos que você possui e que podem ser aproveitados para resolver os problemas identificados anteriormente? Reconheça as capacidades únicas da sua empresa e como elas podem ser direcionadas para atender às necessidades da sociedade.

Perguntas para reflexão:

> Quais são os recursos físicos, tecnológicos e financeiros que sua empresa possui?
> Quais são as habilidades e competências distintas de sua equipe?
> Quais são os conhecimentos e as experiências que sua empresa acumulou ao longo do tempo?
> Quais são os relacionamentos e as parcerias estratégicas que sua empresa estabeleceu?
> Quais são as características únicas de seus produtos ou serviços que os diferenciam no mercado?

> Quais são os pontos fortes reconhecidos por seus clientes, parceiros e colaboradores?
> Quais são as conquistas e os sucessos passados de sua empresa que podem ser considerados indicadores de força?
> Quais são os aspectos inovadores ou disruptivos de seu negócio que o destacam da concorrência?
> Quais são os valores e princípios que permeiam sua empresa e são considerados pontos fortes?
> Quais são as áreas em que sua empresa recebeu reconhecimento, prêmios ou certificações?

Ao responder a essas perguntas, você estará mais apto a identificar as principais forças e pontos fortes de seu negócio. Isso permitirá que você direcione essas capacidades para resolver os problemas identificados e atender às necessidades da sociedade de forma eficaz e impactante. Lembre-se de que aproveitar essas forças é fundamental para construir um negócio com propósito sólido e sustentável.

Passo 3: Paixões

Aprofunde-se nas suas paixões e no que realmente faz o seu coração vibrar. Conecte-se com o propósito intrínseco do seu negócio, descobrindo aquilo que o motiva e o inspira diariamente. Identifique as áreas pelas quais você sente uma verdadeira paixão e por onde pode direcionar seus esforços com entusiasmo e comprometimento.

Perguntas para reflexão:

- Quais são as atividades do seu negócio que você mais gosta de fazer e que trazem um sentimento de satisfação, paixão e realização?
- Em que momentos você se sente mais entusiasmado(a) e energizado(a) no contexto do seu negócio?
- Quais são os aspectos do seu negócio que despertam uma paixão intensa em você e fazem você se sentir apaixonado(a) pelo que faz?
- Que tipo de impacto positivo você deseja criar por meio do seu negócio e como isso está alinhado com as suas paixões pessoais?
- Quais são os valores e princípios que são fundamentais para você e que você deseja refletir no seu negócio?
- Quais são as habilidades e talentos que você possui e que você mais gosta de aplicar no seu negócio?
- Quais são as áreas ou setores em que você sente uma verdadeira paixão e que gostaria de explorar mais através do seu negócio?
- Quais são as questões ou problemas sociais que despertam uma chama dentro de você e que você gostaria de abordar por meio do seu negócio?
- Quais são as histórias inspiradoras ou exemplos de sucesso que o motivam e fazem você acreditar no poder transformador do seu negócio?
- Como você imagina que as suas paixões podem ser integradas ao propósito do seu negócio para criar um impacto positivo e significativo?

Passo 4: Legado

Pense no legado que você deseja deixar para as futuras gerações. Como você gostaria que a sua empresa fosse lembrada no futuro? Reflita sobre o impacto duradouro que você deseja criar e como ele pode contribuir para um mundo melhor. Visualize o legado que você quer deixar e busque entender como ele está alinhado com a missão do seu negócio.

Perguntas para reflexão:

> - Como você gostaria que as pessoas lembrassem da sua empresa no futuro? Que impacto positivo você espera que ela esteja deixando na sociedade?
> - Quais são as mudanças duradouras que você espera ter promovido com o seu negócio e que continuarão beneficiando as próximas gerações?
> - Que valores e princípios você deseja que sejam parte do legado da sua empresa? Como você espera que eles sejam vividos e transmitidos às futuras gerações?
> - Que exemplos inspiradores de legados você observa em outras empresas ou empreendedores e como eles influenciam a sua visão do legado que deseja deixar?
> - Como você imagina que a sua empresa será lembrada pela forma como tratou e valorizou os seus colaboradores, clientes e comunidades em que atuou?
> - Que tipo de inovações ou avanços você espera ter introduzido no seu setor de atuação, deixando uma marca de transformação e melhoria contínua?

> Quais são as conquistas mais significativas que você espera que a sua empresa tenha alcançado e como elas impactarão as próximas gerações?

> Como você planeja envolver as futuras gerações de líderes e empreendedores, compartilhando conhecimentos e experiências para inspirá-los a seguir um caminho semelhante?

> Que legado você quer deixar nas comunidades em que a sua empresa está inserida (programas de responsabilidade social, apoio a causas locais, outras ações de impacto social etc.)?

> Como você pretende documentar e compartilhar a história e os aprendizados da sua empresa, de forma a inspirar e influenciar outras empresas e empreendedores a também deixarem um legado positivo?

Passo 5: Mensagem

Agora é o momento de definir a mensagem que a sua empresa deseja compartilhar com o mundo. Reflita sobre os valores, a visão e a missão do seu negócio, e traduza-os em uma mensagem clara e inspiradora. Essa mensagem deve refletir a essência do seu propósito transformador e comunicar o impacto positivo que você busca gerar.

Exercício:

> Respire profundamente para se conectar com sua essência e clareza interior. Se desejar, feche os olhos após ler as instruções.

› Visualize-se diante de uma oportunidade única: você tem a chance de fazer uma única propaganda sobre seu negócio, que será comunicada em todo o mundo simultaneamente, transcendendo as barreiras linguísticas e culturais.

› Imagine que você não pode falar sobre produtos ou serviços específicos, mas, sim, transmitir uma mensagem que representa a essência do seu negócio, seu propósito transformador e o impacto que deseja causar no mundo.

› Reflita sobre o cerne do seu negócio e como ele pode trazer uma contribuição significativa para a vida das pessoas e para a sociedade como um todo. Pense nas necessidades, nos desafios e nas aspirações que o seu negócio está disposto a enfrentar.

› Agora, comece a criar essa mensagem única, poderosa e inspiradora. Pense em palavras-chave, frases curtas e impactantes que capturam a essência do que você deseja comunicar.

› Foque em transmitir os valores fundamentais do seu negócio, a visão que o impulsiona e o compromisso com um futuro melhor. Explore a emoção, a esperança e a inspiração que você deseja despertar nas pessoas ao ouvirem sua mensagem.

› Considere o impacto que o seu negócio pode ter na vida das pessoas e no mundo, e como essa mensagem pode inspirar ações positivas e mudanças significativas.

› Escreva a sua propaganda, mantendo-a concisa e envolvente. A mensagem deve transmitir a essência do seu negócio e tocar profundamente o coração e a

mente das pessoas, mesmo sem mencionar produtos ou serviços específicos.
> Após escrever a sua mensagem, leia-a em voz alta, imagine-a sendo transmitida para o mundo inteiro e sinta o poder e a importância dessa comunicação. Acredite no impacto que ela pode ter e no potencial do seu negócio para gerar transformação.

Passo 6: Histórias de transformação

Revisite casos de pessoas que foram beneficiadas pela sua empresa e busque evidências concretas do impacto positivo que você tem gerado. Explore histórias de transformação, depoimentos e resultados tangíveis que demonstram como o seu negócio está fazendo a diferença na vida das pessoas e na sociedade como um todo.

Seguindo esses seis passos, você estará no caminho certo para elucidar o propósito transformador do seu negócio. Essa jornada de autodescoberta e alinhamento permitirá que você desenvolva uma base sólida para um crescimento com significado, unindo lucro e propósito em uma abordagem verdadeiramente impactante e inspiradora. Avance com confiança, sabendo que você está construindo um negócio que faz a diferença no mundo.

Exercício:

> **Reflita sobre as interações com os clientes:** pense em momentos em que você teve um impacto positivo na vida dessas pessoas. Lembre-se de situações em que

seus produtos, serviços ou ações fizeram a diferença para elas. Anote esses momentos e como eles afetaram positivamente a vida das pessoas envolvidas.

> **Conecte-se com seus colaboradores:** converse com seus colaboradores e equipe para descobrir histórias de transformação que eles testemunharam ou experimentaram no ambiente de trabalho. Peça para compartilharem exemplos específicos de como o negócio teve um impacto positivo na vida deles ou na de outras pessoas.

> **Solicite depoimentos e *feedback*:** envie solicitações aos seus clientes, parceiros e colaboradores pedindo que compartilhem suas experiências e histórias de transformação relacionadas ao seu negócio. Peça para descreverem como sua empresa influenciou positivamente suas vidas ou os ajudou a resolver desafios significativos.

> **Organize e documente as histórias:** reúna todas as histórias de transformação que você coletou e organize-as de forma clara e concisa. Certifique-se de documentar informações essenciais, como nomes, eventos-chave e resultados alcançados. Isso ajudará a dar forma às narrativas e destacar o impacto real do seu negócio.

> **Analise os padrões e o impacto (esta é a grande chave):** ao revisar as histórias de transformação, observe os padrões e as tendências emergentes. Identifique os temas comuns que destacam os aspectos mais significativos do impacto do seu negócio na vida das pessoas. Isso ajudará você a compreender melhor os resultados tangíveis e intangíveis que sua empresa está gerando

e, consequentemente, fornecerá pistas para o propósito do seu negócio.

Importante:

Ao seguir cada um desses passos — entendendo suas inquietações, descobrindo suas forças, conectando-se com suas paixões, esclarecendo sua mensagem e buscando histórias de transformação —, você será conduzido por um caminho poderoso rumo à construção de uma declaração de propósito assertiva e autêntica. Esses passos são fundamentais para que você compreenda as necessidades da sociedade de forma mais profunda, identifique seus talentos e recursos únicos, encontre uma conexão sincera com suas paixões pessoais, articule uma mensagem clara e inspiradora e valide seu propósito por meio de exemplos reais de transformação.

Seguindo esse método refinado ao longo dos anos em minha carreira como consultor e empreendedor, e comprovado tanto por meus clientes quanto por meus próprios empreendimentos, posso afirmar com confiança que se trata de uma ferramenta valiosa para ajudá-lo a construir sua declaração de propósito com clareza, autenticidade e um significado duradouro.

Passo 7: Declaração de propósito

Chegamos ao momento de transformar todas as reflexões e *insights* adquiridos ao longo dos passos anteriores em uma poderosa declaração de propósito. Essa declaração será a expressão clara e inspiradora do propósito transformador do seu negócio, transmitindo sua essência e direcionando todas as ações e decisões da empresa.

Para construir a declaração de propósito, siga os seguintes passos:

1. **Síntese:** relembre inquietações sociais, forças, paixões, legado e mensagem que foram identificados anteriormente. Sintetize desses elementos, capturando a essência do que você deseja alcançar e o impacto que pretende gerar.
2. **Clareza e simplicidade:** busque uma linguagem clara e simples para expressar seu propósito. Evite jargões complexos e termos técnicos, priorizando palavras e frases que sejam de fácil compreensão para todos.
3. **Inspiração:** sua declaração de propósito deve ser inspiradora, capaz de motivar e engajar tanto os colaboradores internos quanto os clientes e parceiros externos. Escolha palavras e frases que despertem emoções positivas e transmitam o sentido de missão e significado.
4. **Autenticidade:** sua declaração de propósito deve ser autêntica e verdadeira para o seu negócio. Ela precisa refletir a identidade e os valores da empresa, transmitindo uma mensagem genuína e alinhada com a real identidade e essência do negócio.
5. **Revisão e ajustes:** não tenha medo de revisar e ajustar a declaração de propósito ao longo do tempo. À medida que seu negócio evolui e novas oportunidades surgem, é natural que a declaração precise ser atualizada para refletir essas mudanças. Esteja aberto(a) a refinamentos contínuos.

Lembre-se de que a declaração de propósito é uma bússola que guiará as decisões estratégicas, ações e comportamentos do seu negócio. Ela deve ser compartilhada e comunicada com todos os envolvidos, tornando-se um pilar fundamental da cultura organizacional.

Ao construir uma declaração de propósito clara e inspiradora, você consolidará o primeiro passo do método, estabelecendo uma base sólida para o crescimento com propósito do seu negócio. Continue nessa jornada de descoberta e alinhamento, lembrando-se de que o propósito é o motor que impulsionará as iniciativas de ADucation no seu negócio.

Perguntas para reflexão:

> - Por que o seu negócio existe? Qual é o propósito central?
> - Qual problema ou necessidade fundamental o seu negócio se propõe a resolver?
> - Qual é a transformação ou mudança específica que você deseja trazer para a vida das pessoas?
> - Qual é a essência única que distingue o seu negócio dos demais no mercado?
> - Como você deseja que as pessoas se sintam ao se relacionarem com a sua empresa?
> - Qual diferença significativa seu negócio nasceu para fazer no mundo?
> - Como seu negócio pretende gerar valor tangível e intangível para a sociedade?

Aqui estão as instruções para construir a declaração de propósito de forma inspiradora, autêntica, significativa e profunda:
1. **Comece com um verbo de ação:** escolha um verbo que expresse a ação que seu negócio realiza para gerar impacto no mundo. Pode ser algo como "inspirar", "transformar", "empoderar", "conectar" ou qualquer outro verbo que represente a essência da sua atuação.
2. **Identifique o público beneficiado:** pense no público-alvo ou na comunidade que é impactada positivamente pelo seu negócio. Quem são as pessoas, os grupos ou os setores que se beneficiam diretamente da sua proposta de valor?
3. **Explore o impacto no mundo:** reflita sobre qual é o impacto positivo que seu negócio gera no mundo. Considere as mudanças, transformações e melhorias que seu negócio proporciona para as pessoas, a sociedade, o meio ambiente ou qualquer outra dimensão relevante.
4. **Combine tudo em uma frase inspiradora:** junte o verbo de ação, o público beneficiado e o impacto no mundo em uma única frase que seja inspiradora, autêntica, significativa e profunda. Procure transmitir a essência do seu propósito de forma clara e impactante.

Exemplos de verbos de ação:
1. Inspirar
2. Transformar
3. Empoderar
4. Conectar
5. Despertar

6. Promover
7. Capacitar
8. Encorajar
9. Facilitar
10. Inovar
11. Apoiar
12. Fortalecer
13. Expressar
14. Gerar
15. Criar
16. Fomentar
17. Orientar
18. Guiar
19. Construir
20. Desenvolver

Exemplos de causas:
1. Educação de qualidade
2. Acesso igualitário à saúde
3. Sustentabilidade ambiental
4. Erradicação da pobreza
5. Empreendedorismo social
6. Igualdade de gênero
7. Bem-estar animal
8. Segurança alimentar
9. Inclusão social
10. Acesso à água potável
11. Promoção da cultura
12. Saúde mental
13. Desenvolvimento sustentável
14. Combate às mudanças climáticas

15. Promoção da justiça social
16. Direitos humanos
17. Tecnologia acessível
18. Inovação social
19. Preservação da biodiversidade
20. Qualidade de vida nas comunidades

Os termos nessas duas listas podem servir como inspiração para criar uma declaração de propósito que reflita sua visão única e o impacto que deseja gerar no mundo.

Lembre-se de combinar os verbos de ação, o público beneficiado e o resultado de impacto para criar uma frase que seja inspiradora, autêntica, significativa e profunda.

Importante: esta é apenas uma técnica de escrita sugerida, mas você pode construir da sua própria forma.

Exemplos de empresas globais

Veja como algumas empresas renomadas expressaram de maneira clara e poderosa seu propósito único e como isso influenciou suas ações e impacto no mundo.

> **Google:** "Organizar as informações do mundo e torná-las universalmente acessíveis e úteis."
> A declaração de propósito do Google reflete sua missão de disponibilizar informações de maneira acessível e útil para pessoas ao redor do mundo.

> **Tesla:** "Acelerar a transição do mundo para a energia sustentável."

A declaração de propósito da Tesla destaca seu compromisso em impulsionar a mudança em direção a fontes de energia sustentáveis e renováveis para reduzir a dependência de combustíveis fósseis.

> **Nike:** "Trazer inspiração e inovação para todos os atletas do mundo."
> A declaração de propósito da Nike enfatiza seu compromisso em fornecer produtos e experiências que motivem e inspirem atletas de todos os níveis.

> **Patagonia:** "Construir o melhor produto, causar nenhum dano desnecessário, usar os negócios para inspirar e implementar soluções para a crise ambiental."
> A declaração de propósito da Patagonia reflete seu foco em criar produtos de alta qualidade, minimizando o impacto ambiental e utilizando sua influência para resolver problemas ambientais.

> **Airbnb:** "Tornar possível criar um mundo onde qualquer pessoa possa pertencer a qualquer lugar."
> A declaração de propósito do Airbnb destaca sua missão de promover a conexão entre pessoas de diferentes origens e culturas, criando uma sensação de pertencimento global.

Instruções e perguntas para validar a declaração de propósito

1. **Relevância:** a declaração de propósito é relevante para o seu negócio? Ela gera valor estratégico?

2. **Inspiração:** a declaração de propósito é inspiradora? Ela desperta entusiasmo e engajamento tanto dentro da empresa quanto entre os clientes e parceiros?
3. **Autenticidade:** a declaração de propósito é autêntica? Ela reflete a identidade única do seu negócio e aquilo que o torna especial?
4. **Clareza:** a declaração de propósito é clara e compreensível? Ela transmite de forma concisa e direta o impacto que o negócio busca gerar?
5. **Alinhamento:** a declaração de propósito está alinhada com as atividades e práticas do negócio? Ela guia as decisões estratégicas e operacionais da empresa?
6. **Impacto mensurável:** a declaração de propósito permite que o impacto do negócio seja mensurável? É possível identificar indicadores ou resultados tangíveis relacionados a ela?
7. **Ressonância emocional:** a declaração de propósito cria uma conexão emocional com os colaboradores, clientes e demais *stakeholders*? Ela evoca sentimentos positivos e uma sensação de significado e pertencimento?
8. **Longevidade:** a declaração de propósito é atemporal? Ela é capaz de orientar o negócio a longo prazo, mesmo diante de mudanças e desafios?
9. **Adaptabilidade:** a declaração de propósito é flexível o suficiente para permitir ajustes e evolução ao longo do tempo, sem perder sua essência?
10. **Comunicação eficaz:** a declaração de propósito pode ser comunicada de forma clara e impactante para diferentes públicos? Ela é capaz de transmitir a essência do negócio de maneira envolvente?

Atenção:

É importante ressaltar que a declaração de propósito não é uma estrutura rígida e imutável, mas, sim, um guia que pode evoluir com o negócio e com o próprio empreendedor. Ela pode ser atualizada e refinada à medida que novos níveis de consciência sejam alcançados e de acordo com as circunstâncias e necessidades.

Ao longo da jornada empresarial, é natural que ocorram transformações e aprendizados que influenciam a forma como o propósito é compreendido e expresso. Portanto, esteja sempre preparado para revisitar e reavaliar regularmente sua declaração de propósito, assegurando-se de que ela continue alinhada com sua visão, seus valores e seus objetivos atuais.

A evolução da declaração de propósito pode ser impulsionada por *insights*, experiências e novas compreensões adquiridas ao longo do tempo. Manter a mente aberta a mudanças e ter a disposição de adaptar a declaração reflete um compromisso contínuo com o crescimento e a evolução do negócio.

Lembre-se sempre de que o propósito é a essência que dá direção e significado ao empreendimento, e ajustar a declaração de propósito é uma maneira de garantir que o negócio permaneça alinhado com sua missão e continue gerando impacto positivo no mundo.

Agora que você já compreendeu a relação direta entre propósito e ADucation e refletiu sobre o propósito do seu negócio, vamos avançar para uma conversa inspiradora, ao redor da fogueira.

CAPÍTULO 4

Ao redor da fogueira

Certo dia, no Paleolítico, em algum momento de uma longa lacuna entre 1,8 milhão e trezentos mil anos atrás, um de nossos ancestrais friccionou duas pedras e viu algo incrível surgir: uma faísca. Naquele instante, ele teve em suas mãos, pela primeira vez, o controle de uma força implacável da natureza: o fogo.

Não é exagero dizermos que a história da humanidade como conhecemos hoje começou ali. Aquele foi o ponto de virada. Charles Darwin considerava o domínio do fogo um dos maiores marcos da evolução humana, atrás apenas do desenvolvimento da linguagem. O fogo moldou a nossa existência. Em primeiro lugar por ser, é lógico, uma fonte de calor, o que tornou possível enfrentarmos eras glaciais e nos permitiu migrar para partes mais frias do globo. Ao administrar o fogo também nos tornamos capazes de, até certo ponto, controlar a natureza. O fogo nos permite iluminar as noites mais escuras, afugentar os piores predadores e fundir metais antes impossíveis de serem manipulados para criar armas muito mais poderosas do que as nossas mãos nuas.

A partir daquele momento, nossos antepassados também se tornaram aptos a cozinhar, uma tarefa à qual não costumamos dar o devido crédito. Ainda no século XVIII, o escritor escocês James Boswell classificou o *homo sapiens* como "o animal que cozinha".

Segundo o jornalista e pesquisador Michael Pollan, cozinhar "assumiu parte do trabalho de mastigar e digerir, que passou a ser realizado de forma extracorpórea, valendo-se de fontes de energia exteriores. Além disso, como o cozimento elimina substâncias tóxicas de muitas fontes potenciais de alimentos, a nova tecnologia nos deu acesso a uma preciosa reserva de calorias que não estava à disposição de outros animais", escreve ele em seu livro *Cozinhar: Uma história natural da transformação*.

Por meio do cozimento, além de termos passado a dispor de um leque muito maior de alimentos, começamos a poupar grande parte da energia corporal que, antes, pelo consumo de alimentos crus, era desperdiçada na digestão. Essa força acumulada pôde, desse modo, ser utilizada por nosso metabolismo para incrementar outros atributos como pensar, criar e, certamente, aprender e acumular conhecimento. Foi assim que começamos a desenvolver novas sinapses e neurônios.

Dito tudo isso, não é de se estranhar que, em diversas culturas antigas, o fogo simbolizasse a criação e o conhecimento. Em um dos mitos gregos mais famosos, o do roubo do fogo, o titã prometeu furtar a chama dos deuses do Olimpo — que representava o conhecimento supremo — para entregá-lo à humanidade na Terra. Também na Grécia, o filósofo pré-socrático Heráclito afirmava que, por estar em constante movimento e transformação, o fogo era a origem de todas as coisas.

Uma coisa é certa: foi literalmente ao redor do fogo que a sociedade humana se fundou e nossa cultura se desenvolveu. Como escreve o biólogo Adam Rutherford em seu *O livro dos humanos*, "a importância social de se reunir em torno de uma lareira ou fogueira não deve ser subestimada. Vínculos sociais são criados e consolidados ao redor do fogo, histórias são contadas, habilidades, transmitidas, e alimentos, preparados e compartilhados".

Desde a época das cavernas, toda a transmissão de informação se deu ao redor da fogueira. O fogo é inspirador, é hipnótico, aquece o corpo e a alma. Ousamos dizer que a fogueira talvez seja elemento mais marcante que já existiu em relação ao aprendizado. Do homem pré-histórico, passando pela Idade Média até a contemporaneidade, a fogueira sempre foi um ponto de encontro, um local de troca de conhecimento.

Desde muito antes das escolas de Platão, o aprendizado se dava por meio da troca e do diálogo, de maneira lúdica, com o fogo no centro de tudo. O que o filósofo grego fez foi trocar a fogueira pela ágora. Por milênios, a educação, o intercâmbio de saberes e questionamentos, deu-se enquanto uma família ou comunidade se sentava para compartilhar alimentos e histórias ao redor de uma pira de madeira ardente. Mesmo quando fomos aos poucos migrando para nossas casas e apartamentos, a fogueira estava representada na mesa de jantar pelas travessas quentes e refeições fumegantes.

Fora da caverna

Tudo isso nos faz lembrar da Alegoria da Caverna de Platão — cá está ele mais uma vez. Essa alegoria consiste em um diálogo entre Sócrates e Glauco, irmão mais novo de Platão, presente em *A República*, uma de suas obras mais complexas e influentes. O filósofo-personagem pede a seu jovem interlocutor que imagine um grupo de pessoas dentro de uma caverna. Elas estão ali desde que nasceram, presas por correntes, de frente para uma parede. Atrás há uma fogueira e outras pessoas circulando, transportando objetos. Mas tudo o que os indivíduos acorrentados veem são as sombras projetadas na parede pela luz das chamas. Para eles, aquelas imagens concentram toda a realidade do mundo. Até que um dia um deles consegue fugir da caverna e enxergar o mundo como de fato é.

Com essa analogia Platão apontava para a necessidade de sempre buscarmos mais conhecimento, de nunca nos contentarmos com aquilo que temos como certo, como real, como verdadeiro, como completo, como definitivo. E, ao resgatar essa história, queremos ressaltar a importância de nos mantermos sempre perto das fogueiras — mas sempre sem correntes e *fora da caverna*.

Porque é apenas em um ambiente livre e arejado que a fogueira poderá cumprir todo o seu potencial de amplificar a realidade, estimular a imaginação e incitar a busca incessante por conhecimento.

Mas hoje, infelizmente, a realidade é o oposto. Estamos cada vez mais presos em nossas cavernas, configuradas por nossas casas e apartamentos. Vivemos isolados, reféns dos monólogos entoados pelos algoritmos. Acessamos aplicativos de *streaming* como Netflix e Spotify para assistir às séries e ouvir as músicas que o algoritmo nos recomenda. Nas ditas redes "sociais", temos acesso às publicações que o algoritmo do Facebook, do Instagram, do X [antes Twitter] e do YouTube nos — esta é a palavra — impõe.

O resultado dessa cultura digital mal administrada pode ser descrito como aquilo que o empreendedor e ativista Eli Pariser chamou de "filtro bolha": os algoritmos criam um *feed* de conteúdo exclusivo para cada usuário, de acordo com seu histórico de navegação, priorizando somente aquilo que os agrada. Numa realidade na qual as plataformas digitais passaram a ser a maior fonte de informação para grande parte da população, as consequências disso não devem ser subestimadas.

Ao não sermos expostos a ideias novas, diferentes ou mesmo contraditórias, deixamos de lado o pensamento crítico, posto que é justamente o confronto de perspectivas que nos torna capazes de pensar de maneira autônoma; em outras palavras, que nos permite ser criativos. E era exatamente esse o grande papel da fogueira: dar vazão ao diálogo, algo que está se perdendo por completo.

Não é à toa que o mundo vem se tornando cada vez mais polarizado. Se nosso posicionamento político é mais de esquerda ou mais de direta, ficaremos presos em conteúdos com o mesmo viés ideológico. Se gostamos de vídeos fofos de gatos ou cachorros, esse será a único tipo de conteúdo a dar as caras em nosso *feed*. Se acreditamos em teorias da conspiração, teremos um amplo cardápio ofertado. Estamos rapidamente perdendo nossa capacidade de debater e mesmo de divergir de forma construtiva. O algoritmo nos rodeia de opiniões semelhantes ou mesmo idênticas às nossas, que nos amparam e nos fazem acreditar que

> *Ao não sermos expostos a ideias novas, diferentes ou mesmo contraditórias, deixamos de lado o pensamento crítico, posto que é justamente o confronto de perspectivas que nos torna capazes de pensar de maneira autônoma*

aquela visão é a única correta. O maniqueísmo vai se tornando a regra em nossa sociedade, e qualquer discussão se transforma num combate entre certo e errado, numa luta violenta do bem contra o mal.

Nosso cérebro adora ter razão. Estudos indicam que, quando perdemos uma discussão, áreas associadas à dor física chegam a ser ativadas. Por isso, como um mecanismo de defesa, nossa tendência é sempre buscar e interpretar informações de maneira a confirmar algo com que concordamos ou em que acreditamos — é o chamado "viés de confirmação". Sentimos prazer em estar certos, e os algoritmos, bombardeando-nos de conteúdos que corroboram o que pensamos, deixam-nos viciados nisso. Tornamo-nos reféns de nós mesmos e, por conseguinte, nunca estivemos menos predispostos a aprender.

Está cientificamente comprovado que hoje nosso cérebro faz menos sinapses e conexões neurais do que décadas atrás. Nossa capacidade cognitiva está atrofiando. Pesquisadores da Universidade de Oxford, de Harvard, da Western Sydney University, do Kings College e da Universidade de Manchester publicaram um estudo na revista *World Psychiatry* demonstrando como o excesso de exposição às redes sociais vem promovendo alterações nas regiões de nossos cérebros associadas à atenção, à memória e às habilidades sociais.

Vale destacar que a população brasileira está entre as que mais fazem uso das redes sociais no planeta. Segundo relatório produzido em 2022, em parceria entre a agência We Are Social e a ferramenta Hootsuite, os brasileiros passam, em média, três horas e 47 minutos por dia conectados. São quase quatro horas diárias, sete dias por semana, durante as quais nosso cérebro é alimentado a colheradas pelo algoritmo. Durante as outras vinte horas e alguns minutos que sobram, são essas ideias preconcebidas que vão servir de base para tudo o mais que fazemos e pensamos. Isso, definitivamente, não é aprendizado. Estamos nos transformando em algoritmos ambulantes.

Como disse o premiado jornalista Nicholas Carr, autor do livro *The Shallows* [Rasos, em tradução livre], em entrevista ao jornal português *Público*,

> os mapas e os relógios não influenciaram completamente a forma como pensamos, antes encorajaram modos de pensar mais abstratos sobre o mundo, mudaram a nossa percepção do espaço e de tempo. Olhando para a internet e para os computadores em geral, nunca tivemos tecnologia que usássemos tão intensamente durante todo o dia. Cada vez mais pessoas usam *smartphones*. Que modos de pensamento a tecnologia incentiva e que modos de pensamento ela desincentiva? Como disse, ela encoraja um modelo de pensamento mais disperso e desencoraja um pensamento mais atento.

A tecnologia tem um potencial incrível no que diz respeito à educação, mas não é da maneira pela qual a utilizamos hoje que vamos seguir evoluindo — tanto como espécie quanto individualmente. Precisamos, mais uma vez, resgatar velhos hábitos, aqueles que nos fizeram chegar aonde chegamos. É o momento de voltarmos a nos reunir em volta da fogueira. Mas, por favor, não entenda mal, não estamos incitando uma regressão tecnológica, muito pelo contrário. A nosso ver, o que precisamos fazer com urgência é difundir maneiras de usar a tecnologia a nosso favor, transformando-a na fogueira (fora da caverna, não esqueça) do século XXI.

Nossos computadores e celulares têm o potencial incrível de nos unir e de proporcionar uma troca de conhecimento sem igual. A tecnologia não é boa ou ruim; é um reflexo de quem a usa. Então, para termos uma tecnologia que nos eleve, devemos, com urgência, decidir o que de fato queremos dela.

Fazendo fogo

Apesar do aquecimento global, vivemos em um mundo gelado no que diz respeito a princípios e valores. Vivemos uma glaciação onde não florescem a tolerância, o altruísmo e a empatia. Só o fogo é capaz de derreter esse gelo. Por isso precisamos nos transformar em construtores de fogueiras. É nossa missão acender a chama.

Desde a Antiguidade, o fogo faz parte do conjunto de quatro elementos que, em linhas gerais, formam o mundo, ao lado da água, da terra e do ar. Cientificamente, no entanto, o fogo não é um "elemento", no sentido de não se tratar de uma matéria natural, mas do resultado de uma reação química. Para que o fogo exista, três ingredientes devem agir de maneira combinada: o combustível, o comburente e a faísca. Para que o ADucation funcione, guiando esta nova fase da publicidade associada à educação, a matemática não é muito diferente.

> Apesar do aquecimento global, vivemos em um mundo gelado no que diz respeito a princípios e valores.

Combustível, segundo o *Dicionário Houaiss da Língua Portuguesa*, é a "matéria que se queima para produzir energia térmica". Não existe fogo sem combustível, seja ele líquido, sólido ou gasoso, elementos como gasolina, álcool, éter, benzina, madeira, carvão, papel, algodão e gases diversos (butano, propano, etano). Enquanto houver combustível, o fogo continuará ardendo. É por isso que, no que se refere à educação, o combustível é a *paixão*, a vontade de conhecer e aprender, de dar vazão ao que nascemos para fazer. É o resgate do ser humano, daquilo que já existe dentro de nós, mas que, nesta vida robotizada, cada vez mais conduzida pelos algoritmos, não conseguimos alcançar com facilidade. Sucumbindo à automação, deixamos de lado a percepção do brilho no olhar e a nossa vontade intrínseca de colocar o coração naquilo que fazemos.

Eis um ponto importante para compreendermos a essência da verdadeira educação: aprendizado não tem a ver com fazer aquilo que amamos, mas com amar aquilo que fazemos. Não existe mágica. Tem a ver com vontade, construção, paixão. Esta, aliás, pode ser uma boa definição de aprendizado: estar sempre apto a buscar novas coisas para amar.

No mundo de hoje, por outro lado, as pessoas estão sendo definidas por aquilo que fazem e, portanto, acabam se esquecendo de quem de fato são. Estamos perdendo nossa essência. Encontrar a paixão do aprendizado dentro de nós é resgatar essa essência, é retomar o que existe de mais legítimo em cada um de nós. Esse é o combustível que tem potencial para queimar por uma vida inteira: é a chave do *lifelong learning*.

As marcas têm a faca e o queijo na mão para atuar como impulsionadoras dessa paixão na vida das pessoas, afinal, elas estão presentes no dia a dia de todos. Nas cozinhas, nas salas, nos quartos, nos banheiros, nos carros, nas ruas. Elas são onipresentes. E, dessa forma, estão onde precisam estar para

> No mundo de hoje, por outro lado, as pessoas estão sendo definidas por aquilo que fazem e, portanto, acabam se esquecendo de quem de fato são.

fazer essa convocação. "Saiba mais, engaje-se, apaixone-se, aprofunde-se, transforme-se, encontre-se, venha com a gente!" É isso o que uma marca deve dizer para fazer com o que o combustível de cada pessoa possa começar enfim a queimar.

Mas também não adianta haver combustível se não há comburente, aquilo que o verbete do *Houaiss* descreve como "o que reage com o combustível para provocar a combustão". Numa definição mais específica, embora consideravelmente mais técnica, comburente é um elemento ou composto químico capaz de provocar a combustão de outras substâncias, ou seja, qualquer substância que permita que o combustível seja consumido na reação. Quase sempre, pelo menos no planeta Terra (o Sol, por exemplo, queima por fusões nucleares), o comburente é o oxigênio, presente na atmosfera numa concentração de 21%. É por isso que, para que haja fogo, deve haver ar. No ADucation, se o combustível é a paixão, o comburente é o *tempo*.

"Lembre-se de que tempo é dinheiro", disse Benjamin Franklin. Mas, na verdade, precisamos discordar um pouco dessa frase: lembre-se de que tempo é vida, é isso o que queremos dizer. Não adianta termos muito tempo se não o aproveitamos, se não o *vivemos*. Precisamos ter mais vida aplicada ao tempo.

Pois, ainda que vivamos dentro do *chronos*, essa tão subjetiva e fugaz dimensão temporal, no mundo de hoje utilizamos o tempo, acima de tudo, para exercitar a procrastinação. "Não tenho tempo" virou a desculpa perfeita para tudo — ou para não fazermos nada. "Não tenho tempo para ir à academia, não tenho tempo para ficar com meus filhos, não tenho tempo para estudar, não tenho tempo para aprender." Mas a grande verdade é que, no fundo, nunca tivemos tanto tempo quanto agora. Se a tecnologia, afinal, foi criada para facilitar a nossa vida, ela deveria, portanto, ter liberado mais tempo para vivermos a vida que sonhamos viver. Se não é isso o que está acontecendo, há algo errado.

Precisamos desconstruir esse conceito do tempo que remete a Chronos, na mitologia grega um deus que devorava as pessoas, e migrar para o tempo do Kairós, que é o tempo da paz, o tempo oportuno, o tempo em que entendemos nossa jornada e tudo aquilo que é mais importante para nós. O tempo do presente, o tempo da atenção plena, o tempo do aprendizado.

Vivemos repetindo para nós mesmos que precisamos de mais tempo, quando, na verdade, o que de fato precisamos é aproveitar melhor o tempo que já temos. Torná-lo mais produtivo, flexível, equilibrado. É o tempo que nos dá a possibilidade de exercermos nossas paixões, de queimarmos nosso combustível para termos fogo. É o tempo que nos movimenta em direção ao aprendizado.

Tempo é como oxigênio porque também se esgota. Um dia vamos parar de respirar, um dia nosso tempo neste planeta chegará ao fim. O oxigênio queimado vira fogo, assim como o tempo vivido se transforma em lembranças de momentos que nunca voltaremos a viver. Se de uma forma ou de outra o tempo irá queimar, é preciso queimá-lo bem. O tempo vai passar. O tempo está passando!

Se as marcas podem incitar e consolidar paixões, elas podem também ajudar os consumidores a fazer o melhor uso possível de seu tempo. Se as pessoas gastam as horas livres nas redes sociais ou em serviços de *streaming*, é ali que as marcas devem também estar para

> Se as marcas podem incitar e consolidar paixões, elas podem também ajudar os consumidores a fazer o melhor uso possível de seu tempo.

oferecer conteúdo. As empresas detêm a grande responsabilidade e potencial de enfim transformar a tecnologia na fogueira de que tanto precisamos.

E, por fim, temos a faísca, que é, no ADucation, o *movimento*. É o contato com os outros, a troca e, sem dúvida, a divergência. Para crescermos, para aprendermos, necessitamos de um contraponto a nossas ideias e pensamentos. O que tem acontecido é que temos cada vez mais evitado lidar com o contraditório, e quando o fazemos é apenas com o intuito de negá-lo, rejeitá-lo, combatê-lo. Com os algoritmos passamos a ser controlados pelo viés de confirmação e pelas nossas próprias certezas estagnadas e, muitas vezes, autoritárias.

O ADucation é o *antialgoritmo*. Como já dissemos, uma pessoa só aprende o que quer, mas o que se vê hoje é a ausência de aprendizado, pois somos apenas expostos continuamente ao que já sabemos ou às certezas que acreditamos ter. Nas redes sociais e nos aplicativos de *streaming*, consumimos conteúdos que *acreditamos* ser o que queremos consumir, quando aquilo nada mais é do que a vontade do algoritmo. A educação que vem das marcas deve ter como base aquilo que cada pessoa quer aprender, mas com o objetivo de colocá-la em contato com saberes que ela talvez nem imaginasse existir. Precisamos romper a inércia.

Combinados esses três elementos, pronto. Está acesa a chama do ADucation! Minha consciência sobre a essência de quem sou é o meu combustível. Minha capacidade de perceber o tempo e meu movimento dentro desse tempo, aliados à minha capacidade de me ver gerando atritos positivos, é que vai gerar o fogo.

E o fogo, por sua vez, vai produzir *calor*.

Temos, então, uma quarta caraterística do fogo: o calor. Que, no ADucation, nada mais é do que um velho amigo nosso: o propósito.

Calor é o propósito de toda chama

O calor é o propósito de toda e qualquer chama. E o propósito de cada pessoa é o reflexo mais puro da sua história, da sua jornada, da sua caminhada ao longo da vida. É o que gera o significado e constrói o nosso legado.

Porém, como coloca muito bem Kiko Kislansky no livro *A revolução do propósito*, propósito não é algo que se conquista ou encontra, mas algo que se reconhece.

> Conquistamos coisas que são novas e que estão fora de nós. Encontramos coisas que perdemos. Por outro lado, reconhecer significa "conhecer novamente", o que traduz a ideia de que o seu propósito é algo que já está em seu coração e o acompanha como uma voz de fundo em sua consciência. Assim, ele se manifesta quando você tem a coragem de acessar seu coração para se fazer a mais importante das perguntas: que sentido eu quero dar para a minha existência neste planeta?

Ou, como já dizia o escritor americano Robert Byrne, "o propósito da vida é ter uma vida com um propósito". O círculo está fechado: propósito é *tudo*.

Nos negócios não é diferente. Você abre uma empresa, cria uma razão social para acompanhar o CNPJ, mas outra razão se faz necessária: a *razão de ser*. Em outras palavras, o propósito.

É isso o que torna uma empresa única e o que vai definir e organizar a contribuição dela para o mundo.

O escritor e político inglês Philip Dormer Stanhope, grande frasista, já sabia disso no século XVIII: "A firmeza de propósito é um dos mais necessários elementos do caráter e um dos melhores instrumentos do sucesso. Sem ele, os maiores gênios podem desperdiçar seus esforços num labirinto de inconsistências." Em outras palavras, podemos fazer tudo certo, mas, sem um propósito firme para sustentar tudo o que está sendo feito, nada fará sentido.

A grande pergunta que devemos fazer para buscar o propósito de uma organização é a seguinte: do que as pessoas sentiriam falta se uma determinada empresa deixasse de existir? A resposta será o verdadeiro propósito de uma organização.

Aqui é importante entendermos a diferença entre propósito, missão e valores, algo que costuma gerar bastante confusão. *Missão* é o que a sua empresa deve fazer para alcançar seus objetivos. Por exemplo: se minha missão é ser líder no segmento de camisetas divertidas, preciso alcançar tanto de venda para que isso se torne uma realidade. Já os *valores* são a maneira pela qual pretendo agir para chegar lá. Vou escolher atalhos ou seguir pelo caminho mais longo? Vou sonegar impostos ou fazer tudo dentro da lei? E o *propósito*, enfim, é o porquê de uma empresa existir, o significado por trás de tudo o que ela faz.

Vejamos a Dove, por exemplo, uma marca de produtos de higiene e beleza que foi uma das pioneiras na priorização do propósito na comunicação. Enquanto sua missão é ajudar suas consumidoras a desenvolver uma relação positiva com a aparência, seu propósito expande as fronteiras de sua própria atuação: é criar um mundo onde a beleza não seja fonte de preocupação, e sim de confiança.

Já a Starbucks tem como missão vender café no mundo inteiro, injetando sabor no dia a dia das pessoas. Seu propósito, no entanto, é inspirar e nutrir o espírito humano. Esse propósito fica evidente assim que entramos numa cafeteria da Starbucks em qualquer cidade do mundo. Somos invadidos por uma sensação de conforto e acolhimento. Podemos nos sentar numa poltrona e ler, relaxar ou mesmo trabalhar sem que ninguém nos incomode, e o wi-fi é livre para todos. Compramos nosso café ou chá e ganhamos um copo com o nosso nome — somos respeitados e, mais do que isso, celebrados em nossa individualidade. O propósito da Starbucks, então, é ser mais do que uma cafeteria: é colaborar com nossas realizações pessoais. A marca evoca um senso de pertencimento, para muito além da pausa para o café.

A Tesla, por sua vez, tem como propósito acelerar a transição mundial para um transporte sustentável. Aqui fica bem nítida a diferença entre missão e propósito: a missão da Tesla sempre foi se tornar líder e referência no segmento de carros elétricos. Repare que, mais uma vez, o propósito vai muito além; ele envolve a vida das pessoas, não só de seus consumidores quanto de todos os habitantes no planeta. É fazer do mundo um lugar melhor.

No Brasil, uma marca que foi capaz de, desde muito cedo, integrar um senso de propósito muito forte a seus produtos foi a Havaianas. Se, lá no início, o produto era uma sandália de borracha barata, alavancado por uma estratégia de marca muito bem-sucedida, ele se tornou um ícone da alegria de viver do brasileiro, da sua informalidade feliz e estilosa. Seu propósito, então, é levar essa jovialidade e leveza a todo o planeta.

Podíamos dar milhares de exemplos, mas acreditamos já ficou bem evidente que propósito não tem a ver com vender, crescer, ser o maior e o melhor. Não; propósito é um conceito que extrapola tudo isso. A Coca-Cola é a maior marca de refrigerantes do mundo, mas seu propósito é refrescar o mundo e inspirar momentos de otimismo e felicidade. Desde os anos 1990, pelo menos, todas a campanhas da marca falam de encontro, comemoração, celebração, e não do produto em si, que é um coadjuvante, um ótimo acompanhamento desses momentos felizes.

É por isso que podemos dizer que, mais do que nunca, o propósito é aquilo vai à frente de qualquer organização. É como um estandarte das guerras de antigamente. É, de fato, a bandeira levantada por uma organização. É aquilo em que acreditamos e pelo que lutamos.

Assim, as marcas que hoje impactam significativamente o mundo têm duas coisas em comum: elas representam algo — a bandeira, o estandarte — e unem as pessoas em torno de

> É por isso que podemos dizer que, mais do que nunca, o propósito é aquilo vai à frente de qualquer organização.

um propósito compartilhado. Essas marcas não falam apenas do que querem ver no mundo; muito além, atuam de maneira ativa nessa transformação e buscam inspirar que as pessoas se juntem a elas para fazer com que isso aconteça.

Um estudo da Korn/Ferry mostrou que as empresas com equipes focadas no propósito têm taxas de crescimento anual quase três vezes maiores que as demais. Ou seja, propósito não é apenas essa visão de abraçar árvores ou de ter slogans bonitos; é algo firme, concreto, essencial.

Ou temos um propósito ou não temos. Não adianta fingir, fantasiar, maquiar, disfarçar. Como já colocamos no capítulo anterior, ele é algo que precisa ser vivenciado e não apenas verbalizado. E estamos aqui para reforçar que não existe melhor maneira de vivenciá-lo do que através da educação. Ou melhor, do ADucation.

O efeito dos três "pros"

Até pouco tempo as empresas e marcas podiam existir sem propósito. Hoje, definitivamente, essa não é mais uma possibilidade.

Por um lado, algo não mudou: todo e qualquer negócio continua a ser guiado pelo que chamamos de "efeito dos três 'pros'". A diferença é que, antes, o primeiro desses "pros" eram os *profissionais*. O fundador ou dono do negócio contratava alguns colaboradores, que se uniam a ele para montar aquilo que chamávamos de microempresa (atualmente conhecidas como *startups*) e, juntos, começavam a dar o sangue por aquilo. O objetivo era sustentar o negócio, conquistar clientes, abrir filiais, ganhar dinheiro e prosperar.

No meio desse caminho, à medida que o negócio crescia e começava a ficar difícil controlar toda a empresa, era preciso enfatizar os métodos e fluxos para que não houvesse perdas de eficiência. Esse era segundo "pro": a definição de *processos* organizacionais que permitiam que a empresa continuasse funcionando em meio ao crescimento e à natural perda de controle por parte de seu fundador.

Se tudo isso desse certo, mais adiante outra dor surgiria: a falta de conexão entre os colaboradores e a empresa. Em um momento ou outro os colaboradores acabariam se desconectando do negócio e entregando menos do que poderiam ou deveriam. Era então que entraria em cena o terceiro "pro", o nosso camarada *propósito*.

Quando bem executado, o propósito gerava uma necessária conexão entre os colaboradores da empresa, estabelecendo uma unidade corporativa mesmo que o dono se ausentasse, se tornasse aos poucos desnecessário ou saísse de cena de vez. Era o propósito que garantia que uma empresa continuasse de pé, firme e forte, e crescendo, pois tudo o que acontecia lá dentro, dos colaboradores aos produtos e consumidores, estava integrado e unido pelo propósito.

Esses três "pros" continuam existindo no mundo empresarial contemporâneo para balizar o caminho de qualquer organização longeva e bem-sucedida. A diferença é que a ordem agora mudou. Na verdade, se inverteu.

> Já é um consenso no mercado que a falta de propósito tem um efeito devastador em qualquer empresa.

O propósito hoje vem na frente, tornou-se o "pro" inicial, fundador. É a partir dele que definiremos os processos necessários para uma empresa obter sucesso e selecionar os melhores profissionais para tocar o negócio. Tudo isso precisa, desde o início, estar alinhado em torno de um propósito. Agora, esse elemento está na base: uma empresa nada mais é do que um propósito materializado por seus profissionais e seus processos.

O sucesso em atrair talentos e clientes depende hoje do quanto esse propósito é compreendido e reconhecido por todos. Até alguns anos atrás, as pessoas iam trabalhar porque queriam, basicamente, ganhar dinheiro. Isso mudou com a geração que chamamos de *millennials*, nascida entre os anos 1980 e 1990, que é fortemente atraída por propósito. Pessoas dessa geração desejam *ter*, mas de maneira intrinsecamente atrelada ao *ser* — algo que passa diretamente por se sentirem parte de um propósito maior.

Já é um consenso no mercado que a falta de propósito tem um efeito devastador em qualquer empresa. Os problemas começam internamente, na relação com seus próprios colaboradores. Muitos negócios estão desaparecendo simplesmente porque não têm um propósito ou porque ele não está colocado de forma clara e reconhecível — ou seja, não aparece demonstrado na comunicação (externa ou interna) e em ações da marca.

Não é à toa que novas gerações — tanto os *millennials* quanto a que veio depois, denominada geração Z — estão abandonando em massa as empresas para dar vazão a seu propósito pessoal fora delas. Existe um movimento chamado *The Great Resignation* [a grande renúncia], que se refere à quantidade crescente de pessoas que, sobretudo a partir da pandemia, vêm pedindo demissão ou sonhando em sair das empresas nas quais muitas vezes trabalham há anos por, simplesmente, não verem propósito em continuar ali.

Em março de 2022 houve um recorde nos pedidos de demissão nos Estados Unidos: 4,5 milhões de pessoas decidiram deixar seus empregos. Números como esse vêm dando sinais de uma nova crise na economia norte-americana. Em certas áreas, já se observa carência de profissionais qualificados. Se por um lado há o desemprego, por outro há o abandono de vagas, um movimento diretamente ligado à falta de propósito. Não que a pandemia tenha criado isso, mas ela foi a gota d'água. A pausa forçada em meio a uma crise sanitária fez com que as pessoas criassem consciência de que a vida é muito curta para continuarem trabalhando sem *saber por quê*.

Viver sem propósito, afinal, é viver sem saber por quê. Consumir sem propósito é consumir sem saber por quê. Trabalhar sem propósito é trabalhar sem saber por quê.

É essencial, então, que esse conceito comece a ser difundido nas empresas, visto que ele se propaga de dentro para fora. Se os próprios colaboradores não conseguem se conectar a uma marca, por que consumidores o fariam? Tanto colaboradores diretos quanto indiretos precisam ser educados sobre o propósito da empresa de que fazem parte. Mas repare que não estamos falando em treinamento — a palavra, sempre, é *educação*. O ADucation tem início dentro das organizações. Só depois que o propósito estiver muito bem consolidado internamente é que poderá se expandir e perpetuar fora dos limites da empresa.

O propósito, vamos repetir, está na base, no âmago e na origem de tudo. E ele é guiado pela transparência: é só assim que os colaboradores, o mercado, os consumidores e a sociedade vão enxergá-lo como a verdadeira alma de uma marca. Propósito não é só mensagem, não é só slogan, não é só campanha, não é só intenção: é ação, é execução, é estilo de vida, é essência, é alma.

Foi por isso que, como parte integrante da transparência do propósito, o *compliance* ganhou tanta relevância. *Compliance*, termo que se origina do inglês *to comply*, significa *estar em conformidade*. É se manter na linha no que se refere às leis, às normas (sejam internas ou externas) e, claro, à ética.

Hoje, para qualquer empresa, o *compliance* deve ser um hábito, assim como tomar banho ou escovar os dentes são hábitos para nós. Deve ser algo diário, automático, essencial. A integridade e a transparência são a única maneira de provar que o propósito de uma empresa é real. Toda organização deve estar sempre pronta a abrir contas e portas para comprovar que é íntegra — a personificação de seu propósito. Precisamos trabalhar diariamente como se fossemos fazer um IPO (abrir o capital da empresa) amanhã. Se não estiver tudo em ordem, não há propósito que resista.

Propósito é uma questão de ótica e de ética. Como já mencionamos anteriormente, sem ele, no entanto, o ADucation jamais poderá ser posto em prática.

CAPÍTULO 5

O ADucation
na prática

Como já vimos, grande parte do nosso aprendizado individual acontece por meio da conexão com outras pessoas. Aprendemos juntos, o tempo todo, inclusive quando nos propomos a ensinar alguém.

Do ponto de vista dos negócios não é diferente. O crescimento se dá por meio da conexão. Cada empresa é responsável pelo conhecimento que propaga aos seus colaboradores e à sociedade, algo que se dá por meio de seus serviços, produtos e conteúdos. Tudo isso gera um impacto que imprime uma imagem sobre o negócio, seu caráter, seu objetivo e seu propósito, colaborando para o clima organizacional, para as tomadas de decisão e para o posicionamento de mercado.

De uma forma ou de outra, isso vai acontecer. Como vimos no segundo capítulo, é o propósito que guia a fase da publicidade em que estamos hoje. É a maneira pela qual o mercado e o mundo funcionam atualmente. Por isso precisamos fazer essa transição de forma intencional, tendo controle da nossa própria mensagem e da imagem que transmitimos.

Foi-se o tempo em que as empresas apenas vendiam seus produtos. A publicidade hoje vai além. Passamos a maior parte das nossas vidas interagindo com marcas, que estão por todos os lados, em todos os lugares. Isso jamais será excessivo, desagradável ou invasivo se as marcas representarem algo de fato significativo para a vida das pessoas. Muito pelo contrário: havendo propósito, as marcas podem ser aliadas ou, mais do que isso, formidáveis guias na jornada de cada indivíduo em busca do autoconhecimento, da autorrealização e de um mundo melhor. Por isso a oportunidade que se abre quando as marcas decidem educar é simplesmente *colossal*.

Saímos, você já sabe, da era do *branded content* e entramos na era do *branded teaching* e do ADucation. Todos os discursos, metodologias, formas de trabalho, modelos de gestão, posturas nos relacionamentos, hábitos e escolhas que envolvem uma empresa podem — e, no contexto atual, devem — educar. E o ADucation, por sua vez, é um encadeamento de outros conceitos, ou melhor, de diversas tendências que já se tornaram realidade, pois estão aqui, ao nosso redor, agora mesmo. O que nos cabe é juntá-las para estabelecer *movimento*.

E isso começa com o *lifelong learning*. Não foi à toa que abrimos o livro abordando as fases da vida, que, antes estanques, hoje se fundiram em um aprendizado que dura dos 8 aos 80 anos, ou melhor, do zero ao infinito. Pois o *lifelong learning* é um desenvolvimento contínuo de conhecimentos e habilidades que as pessoas experimentam ao longo de suas vidas e paralelamente (antes, durante e após) à educação formal. Nas palavras da Unesco, "a aprendizagem ao longo da vida desempenha um papel vital na garantia de uma paz duradoura e uma coesão social mais forte, apoiando a aquisição e a prática contínua de uma cidadania ativa, democrática e responsável".

Nesse novo modelo educacional, profissional e, ousamos dizer, existencial, é preciso repensar o aprendizado para que homens e mulheres, jovens e adultos, possam ser capazes de interagir melhor, de maneira mais fluida e integrada, com um mundo que vive rápidas e constantes mudanças sociais, culturais e econômicas. Precisamos de uma revolução do aprendizado. E repare que, mais uma vez e como sempre, estamos falando de aprendizado, não de conhecimento. Pois uma revolução do conhecimento aconteceu recentemente, com a popularização da internet, que deixou todo o conteúdo acumulado pela humanidade ao longo de milênios acessíveis à maioria dos habitantes do planeta com um único clique de mouse ou toque na tela. Nossa necessidade atual não é, então, de acumular mais conhecimento, e sim descobrir maneiras funcionais e sobretudo humanizadas de utilizá-lo e compartilhá-lo. A revolução da educação de que falamos aqui diz respeito ao *aprendizado*.

É uma revolução que tem início com as próprias pessoas. Gina Pell, empreendedora e produtora de conteúdo na área da tecnologia, cunhou há uns anos o termo *perennials* (que vem de "perene", perpétuo, eterno). Ele se refere a indivíduos de todas as idades, em diversos países, que, por iniciativa própria, romperam com o antiquado modelo clássico do aprendizado e, por isso, não cabem na caixinha de nenhuma definição geracional existente. Não se identificam com os *millennials*, muito menos com as gerações X ou Z, tampouco com os chamados *baby boomers*. Foram os *perennials*, pouco a pouco se estabelecendo como grupo dominante, que passaram a demandar uma cultura de *lifelong learning*. São, como ela definiu, "pessoas movidas pela curiosidade, com a cabeça aberta, que nunca param de aprender e recomeçar, se for preciso. Elas não veem a vida como uma linha do tempo, mas como uma rede de conexões e experiências".

Repare: é sempre "aprender e recomeçar", nunca "conhecer e acumular".

Mas o que podemos entender por *aprendizado*? Na nossa concepção (com a qual você, se chegou até aqui, certamente já se familiarizou bem), o aprendizado ocorre quando vivemos experiências transformadoras. Aprender é colocar o conhecimento para fora, não para dentro. Logo, o que importa não é o que conhecemos, mas o que fazemos com esse conhecimento. Aprendizado é isso. Era assim na época em que nos reuníamos em torno das fogueiras, era assim na época de Platão, era assim na visão de estudiosos como os pesquisadores do Centre for Creative Leadership e de William Glasser, de quem falamos no segundo capítulo, é assim que *nós* devemos olhar para o aprendizado no futuro. Futuro esse que já começou. Somos parte ativa e pensante de sua construção contínua.

É aí, para enxergarmos novos e melhores futuros, que entra o propósito. É daí, para construirmos na prática esses futuros, que vem a necessidade fundamental da colaboração — a criação de ecossistemas, a qual abordaremos mais detalhadamente logo adiante. E é aqui, com todas as peças no lugar, que temos enfim montado o cenário do ADucation. E, por fim, que entram as empresas e as marcas.

Como pontua Marta Martín Del Pozo, doutora em educação pela Universidade de Salamanca,

> os sistemas formais de aprendizagem não podem servir para acumular cultura, mas devem servir para transformar a cultura, para gerar novas mentalidades que permitam a essa nova geração atender às demandas mutáveis e flexíveis da nova cultura de aprendizagem que já vivemos.

Entretanto já vimos que a educação formal reluta, no Brasil e em grande parte do mundo, a seguir por esse caminho do verdadeiro aprendizado e da transformação. Já passou da hora de as marcas assumirem esse papel.

Entendemos que o *lifelong learning* e o advento dos *perennials* abre a possibilidade para que toda empresa se torne uma marca educadora, uma *teaching organization*. Mas a grande pergunta que ainda pode persistir é: *como* qualquer empresa, de qualquer área, pode, na prática, se tornar essa espécie *hub* de educação?

O ADucation é uma realidade que vem sendo construída de maneira gradual, mas consistente, à medida que a educação vem ganhando cada vez mais protagonismo nas organizações. Estamos falando de um movimento de vanguarda, que busca construir o futuro no momento presente. Trata-se de uma perspectiva que aponta para mudanças profundas na maneira pela qual as empresas enxergam o papel da educação em seus negócios.

> O ADucation é uma realidade que vem sendo construída de maneira gradual, mas consistente, à medida que a educação vem ganhando cada vez mais protagonismo nas organizações.

Temos visto cada vez mais marcas investindo em educação e, acima de tudo, demonstrando entender a importância do aprendizado. Mas muitos passaram a encarar tudo isso como uma mera ferramenta de publicidade, valendo-se da educação apenas para estabelecer contato com novos públicos ou apresentar temas que se conectam com a realidade de sua comunidade. No entanto, quando falamos em ADucation, estamos abordando uma construção ainda mais robusta: trata-se de um processo intrincado, articulado e expansivo, que extrapola os limites formais e conceituais de uma organização. O que o ADucation pretende, em essência, é recuperar o potencial transformador da educação.

Para isso, junto da publicidade, ele incrementa a relevância das organizações que entendem o poder do aprendizado e, consequentemente, geram impacto na sociedade. E isso só acontece quando a educação é encarada como algo muito maior que um mero elemento de campanha: deve ser um *movimento* que engaje pessoas e organizações em torno de uma causa real.

> Não importa a área em que sua empresa atua. Ela, a partir de hoje, precisa se voltar para o ADucation.

Não importa a área em que sua empresa atua. Ela, a partir de hoje, precisa se voltar para o ADucation. Agora, vamos mostrar como a educação pode ser uma grande aliada no desenvolvimento da força da sua marca.

A causa transformadora

Você tem uma empresa? Que futuro deseja para ela, para a sua marca, para seus colaboradores, para seus consumidores, *para o planeta*?

Muitas organizações no Brasil e no exterior têm como missão a promoção de temas de extrema relevância para a sociedade, como sustentabilidade, igualdade de gênero e desenvolvimento humano, entre tantos outros. Mas e se elas transformassem o seu posicionamento em movimento e ensinassem as pessoas sobre o que tanto defendem e, assim esperamos, acreditam? Em vez de somente expressar o seu propósito por meio da propaganda, as empresas podem criar projetos de educação, resultando em uma atuação de fato ativa e efetiva.

Vejamos um exemplo. Poucas marcas têm um propósito tão consolidado e difundido quanto a Natura. Seu site conta que a empresa foi fundada "em 1969 com a missão de promover o *bem-estar-bem*: relações harmoniosas do indivíduo consigo mesmo, com os outros e com a natureza". Apesar de definido ali como missão, esse é claramente o propósito da marca, pois é algo que se estende para além de seus produtos e dos próprios clientes. Essa mensagem fala de indivíduos, de mundo e de natureza. É algo holístico, global, *maior que a vida*. E também consistente: quem pensa na Natura a conecta de imediato a esse propósito. Mas será que a empresa já esgotou todas as possibilidades desse posicionamento? Nossa resposta é um enfático *não*. A Natura ainda não descobriu o ADucation.

E se, além de mostrar que preserva a natureza e frisar ao público como é importante respeitar e conservar a Amazônia, que é o que faz em suas campanhas, a Natura criasse um curso on-line para de fato formar e disseminar uma consciência ecológica? Milhões de pessoas poderiam ser impactadas com uma ação como essa. Muito mais do que repetir frases de efeito de mote ecológico, essas pessoas poderiam genuinamente se aprofundar nas urgentes questões que ameaçam nossos ecossistemas, entender a interdependência valiosa entre todos os seres vivos e descobrir a fundo as riquezas das plantas medicinais da Amazônia. Desse modo, a Natura estaria simultaneamente fazendo marketing, divulgando sua marca e colaborando com o meio ambiente por meio da disseminação do seu propósito.

Mas não é só com um curso que a Natura poderia fazer ADucation. Outra possibilidade, por exemplo, seria capacitar as revendedoras para que pudessem ensinar as consumidoras a usar seus cosméticos da melhor forma possível. Ou seja, transformar essas colaboradoras em influenciadoras-educadoras, informando e treinando o público sobre o ciclo de vida dos produtos, mostrando como é possível fazer com que durem mais, compartilhando dicas sobre como conservá-los e muito mais. Porque o consumo consciente também consiste, afinal, em uma forma de cuidar do planeta.

E não falamos apenas de gigantes como a Natura. Toda empresa, por menor que seja, é uma fonte potencial de educação para as pessoas e a sociedade. Para que isso ganhe forma e se torne realidade, precisamos de organizações e, dentro delas, pessoas que tenham um olhar atento, incondicional e focado nesse cenário. Pessoas que sempre terão à frente o desafio de descobrir o que determinado segmento da sociedade quer aprender e não apenas pensar nos conteúdos que queremos ensinar a ele.

O processo de construir um projeto de ADucation passa, dessa forma, por diversas etapas que envolvem autoconhecimento corporativo, descoberta de propósitos e mesmo a lapidação de um modelo de negócio. Em um momento posterior, é necessário que a empresa esteja disposta a entender, enxergar e desenvolver a educação de maneira autêntica, colaborativa e intencional a partir dos propósitos identificados.

Por isso podemos dizer que o primeiro passo para que uma organização entre para o ADucation é ter clareza sobre seu propósito. É fundamental que uma empresa compreenda, de maneira detalhada e global, a causa que carrega (o seu *estandarte*) e como materializá-la para além de um serviço, de um produto ou mesmo de seus conteúdos difundidos.

A construção dessa clareza de propósito demanda um esforço interno. Chegar à real percepção da essência da marca é um esforço coletivo e só acontece por meio da intensa investigação dos propósitos da empresa. Somente ao compreender profundamente sua causa transformadora, uma empresa poderá torná-la palpável e acessível tanto àqueles que integram a organização quanto aos parceiros, consumidores e toda a sociedade.

Isso quer dizer que o primeiro passo para que possamos estruturar um *hub* de educação dentro de nossas empresas, em qualquer área ou segmento, é nos tornarmos aptos a discernir, em todas as minúcias, qual é de fato a nossa entrega e qual é a transformação que estamos nos dedicando a fazer no mundo. Estamos falando aqui de um *mindset*. Temos que mudar nossa maneira de pensar o nosso próprio trabalho, a nossa própria atuação, a nossa própria missão.

Se, por exemplo, sou um profissional da área da saúde e atuo com odontologia, tenho uma camada de entregas de valor adicionais ao serviço que presto. O que faço não é apenas restaurar um dente e realizar um tratamento de canal, é renovar o sorriso de alguém. É a revitalização de uma relação individual com o mundo. É mudar vidas e abrir portas.

O processo de legitimação do propósito é o primeiro passo para pensarmos de forma mais profunda sobre a essência da nossa atuação, a fim de entendermos o que, para além do nosso produto ou serviço, podemos entregar às pessoas e à sociedade. É o cerne do ADucation. Quando temos essa compreensão inicial sobre o propósito do negócio, podemos desde o início estabelecer os caminhos e as sinapses que vão propiciar a construção da sempre extensa gama de saberes que estarão à nossa disposição na construção do ADucation.

> O processo de legitimação do propósito é o primeiro passo para pensarmos de forma mais profunda sobre a essência da nossa atuação.

Para começar, pergunte-se: por que minha empresa existe? Qual é o objetivo da minha marca? O que ela pode — e quer — transformar? O que ela abraça enquanto organização?

Lembre-se: para responder a essas perguntas, é preciso pensar para além da entrega. Se você tem uma padaria, sua entrega principal é um pão de qualidade. Mas qual é o seu propósito por trás dessa entrega? Você pode querer educar as pessoas sobre uma alimentação de qualidade, mostrando que o pão, que muita gente às vezes aponta como um vilão à mesa, pelo excesso de carboidratos e glúten, pode ser, sim, um aliado que combine saúde e sabor. Pronto, seu propósito pode estar exatamente nisso: difundir, por meio de sua padaria, a possibilidade de aliar saúde e sabor à vida das pessoas.

Agora vamos passar para algo completamente diferente: imagine que você seja sócio de uma agência de comunicação. É, como sabemos, um ramo bem amplo. Pode envolver relações públicas, assessoria de imprensa, publicidade, *social media*, produção de texto e tantas outras coisas. Essas são as suas entregas, os serviços oferecidos pela sua agência. Mas o que você quer criar, promover e transformar a partir delas? As rotas são muitas e diversas. Já comentamos que vivemos em um mundo sobrecarregado de informação que nem sempre é de qualidade, nem sempre é bem direcionada ou, muito menos, bem-intencionada. Esse pode — por que não? — ser exatamente o seu ponto de virada. Sua agência pode ter como propósito transformar o mundo pela comunicação, defendendo e promovendo, com sua atuação, com seu trabalho dedicado, uma comunicação atenta, afetuosa e não violenta. Que tal?

Mais um exemplo? Certo. Agora, então, você tem uma loja de discos. Isso mesmo, LPs, bolachões de vinil. Um negócio bem pequeno, nichado, mas que pode ser o negócio dos seus sonhos. Qual seria o seu propósito com ele? Como compartilhar o seu sonho com mais pessoas? Temos uma ideia: seu objetivo é ajudar as pessoas a estabelecer uma relação afetiva com a música, aquele contato íntimo, palpável, com a cultura e a arte que foi se perdendo à medida em que a cultura da internet e o *streaming* foram se estabelecendo como o padrão de distribuição. Oferecer e proporcionar momentos de desconexão digital, de contemplação analógica, de fruição e de reconexão com o mundo para além das telas. Faz sentido?

Vamos de um extremo ao outro, de uma lojinha de música para uma multinacional de combustíveis — que, aliás, pode ser encarada hoje por muita gente como um vilão bem mais ameaçador do que o pão. E então, qual seria o propósito dessa grande corporação? Diríamos que, nesse caso, não temos como fugir de causas ligadas à sustentabilidade. Isso, entretanto, não quer dizer que tenhamos um único caminho a seguir. Preservar a natureza, as águas e o ar pode ser o seu propósito? Sem dúvida. Mas *mobilidade*, por exemplo, pode ser outro: conectar as pessoas nas grandes cidades de forma mais inteligente, mais otimizada, humanizada, econômica e ecológica, buscando a coletividade. Pode ser um desafio e tanto, e requer que a empresa diversifique sua produção para englobar combustíveis alternativos e não convencionais. Seja como for, é isso que o mundo demanda, então é isso que você vai precisar oferecer e ensinar.

Depois de tudo isso, vamos perguntar mais uma vez: qual é a causa transformadora da *sua* empresa? Depois dessa etapa de esclarecimento, podemos enfim seguir para o próximo passo.

O aprendizado de uma empresa

Segundo Peter Senge, cientista e professor na MIT Sloan School of Management, autor de livros como o seminal *A quinta disciplina*, uma *learning organization* é aquela onde "pessoas continuamente expandem sua capacidade de criar os resultados que realmente desejam, onde novos padrões de pensamento são elaborados, onde as aspirações coletivas são expostas, e onde as pessoas estão continuamente aprendendo a aprender juntas".

Em outras palavras, o que Senge diz é que uma empresa que aprende e investe em aprendizagem organizacional acaba tomando a dianteira no que se refere à criação de novos conhecimentos, de novos paradigmas e estruturas de pensar, levando esses conhecimentos adiante ao propagá-los para além de seu interior tornando-se uma verdadeira *teaching organization*. Sim, já vimos isso: o ADucation começa dentro da própria organização.

Esse segundo passo para a consolidação de uma marca educadora é essencial para a consistência e o fortalecimento de qualquer projeto de ADucation, dando início a uma transformação de dentro para fora. Trocando em miúdos, se uma empresa quer educar, deve antes *aprender a aprender*.

Sabemos que palavra "educação corporativa" pode deixar muita gente com os cabelos em pé, tendo crises de ansiedade e pânico. Logo vem na cabeça um daqueles cursos obrigatórios promovidos pelo setor de RH, algo pouco motivador e quase sempre enfadonho para o colaborador. Nossa meta, por outro lado, é um grande movimento interno em que as pessoas queiram de fato estar presentes, de maneira ativa e engajada, uma troca de saberes. Mas como chegar lá?

Devemos lembrar que o ADucation não necessariamente emula uma educação formal, com lousas e cadernos, e nem mesmo precisa seguir a estrutura de um curso, seja presencial ou EAD. Afinal, cada empresa tem sua própria cultura, com diferentes hábitos, rituais e maneiras se comunicar. É por isso que a experiência de aprendizado dos colaboradores precisa ser desenhada de maneira personalizada, adaptada às necessidades reais e às particularidades de organização, principalmente, de seu público interno.

As empresas que pretendem continuar buscando soluções inovadoras devem realizar um movimento constante de aprendizagem entre seus colaboradores. Para começar, então, é essencial mapear o que a organização já sabe, seus conhecimentos intrínsecos, e apontar os diferentes tipos de saberes que precisa adquirir para se manter relevante e atual. O que virá daí será um conteúdo de valor verdadeiramente direcionado, com resultados funcionais, que ampliem cada vez mais sua vantagem competitiva ao reter e desenvolver os melhores talentos do mercado.

Na década de 1980, Peter Senge realizou uma série de pesquisas para descobrir como as empresas desenvolvem a aprendizagem e por que algumas são melhores em aprender do que outras. No tão clássico quanto atual *A quinta disciplina*, ele defende que as empresas que terão mais sucesso no futuro serão aquelas que têm a capacidade de incentivar em seus colaboradores e parceiros o comprometimento e a capacidade de aprender, do nível estratégico ao operacional.

Na introdução, Senge cita uma carta que recebeu certa vez de W. Edwards Deming, um dos pioneiros da revolução do gerenciamento de qualidade nas empresas.

"Nosso sistema predominante de administração destruiu as pessoas", escreveu Deming.

> Elas nascem com uma motivação intrínseca, autorrespeito, dignidade, curiosidade em aprender, alegria na aprendizagem. As formas da destruição começam quando somos crianças — um prêmio pela melhor roupa de

Halloween, notas na escola, estrelinhas douradas — e assim por diante até a universidade. No trabalho, as pessoas, as equipes e as divisões são ranqueadas, com recompensas para os melhores e punição para os piores. A administração por objetivos, quotas, pagamento de incentivos, planos de negócios, se colocados separadamente, para cada divisão, geram perdas ainda maiores, desconhecidas e que nem nos é possível calcular.

Essas poucas linhas são capazes de gerar inúmeras e intensas reflexões. Eis a mais importante: o método formal de educação que temos hoje, datado e contraproducente, foi incorporado também pelas empresas, e em boa parte dos casos se tornou um dos grandes obstáculos para a saúde de qualquer negócio.

O que Senge fez em *A quinta disciplina* foi rever, do zero, esse modelo organizacional, estruturando-o em torno da aprendizagem em grupo, que ele representa como um banquinho de três pés. Se um deles não estiver firme, o banquinho vai, invariavelmente, desabar.

O primeiro desses três pés representa o que ele chama de "aspirações", por sua vez dividido em duas das disciplinas que se somam às cinco que dão nome ao livro: *domínio de si mesmo* e *visão compartilhada* com o grupo.

Para que as pessoas se engajem no aprendizado, primeiro devem ter consciência de aonde desejam chegar. Só assim saberão o que precisam e o que de fato querem — seu combustível, sua chama interior. Além de um trabalho individual de autoconhecimento, o domínio de si mesmo é também resultado de

> Para que as pessoas se engajem no aprendizado, primeiro devem ter consciência de aonde desejam chegar.

uma empresa com ambiente propício para que isso se desenvolva. Todo negócio deve ter um propósito claro, promovendo e instigando a busca pelo aprendizado em suas mais variadas formas e manifestações.

As marcas têm hoje o dever de se importar com seus colaboradores e com a maneira pela qual eles aprendem, priorizando seu desenvolvimento e protagonismo nas jornadas de aprendizagem. É função das empresas promover experiências que visem o crescimento de cada uma dessas pessoas como os indivíduos que são, reforçando que cada parte, com suas características muito próprias e peculiares, é de suma importância para o bom funcionamento do todo.

Mas é evidente que, em qualquer organização, junto desse autoconhecimento precisa vir o conhecimento do grupo, que vai suscitar o que Senge chama de "visão compartilhada". O que faz um colaborador acordar cedo para trabalhar é a visão pessoal de que sua contribuição é relevante para aquela empresa. Em uma *learning organization* que pretenda acrescentar às suas qualidades capacidade de ser, também, uma *teaching organization*, o propósito de aprender e o sentimento de pertencimento são vivos e devem ser alimentados, cultivados e celebrados dia a dia. Um coletivo de olhares, por mais distintos que sejam entre si, voltados ao mesmo lugar é o que faz uma visão compartilhada existir.

Podemos, então, dizer que, enquanto o domínio pessoal é a *forma* de olhar, a visão compartilhada é o *direcionamento* desse olhar. Promover um ambiente em que as pessoas se sintam inspiradas a dividir sua visão pessoal e estejam engajadas a trabalhar para realizar aquilo em que acreditam é o que consolida o propósito de uma empresa. A visão compartilhada se fortalece quando as experiências de aprendizagem são democratizadas.

É nesse momento que a organização se torna um lugar onde todos podem aprender e todos também podem ensinar.

Na segunda perna do banquinho estão as "conversas reflexivas", compostas por *modelos mentais* e pelo *diálogo*. Esses tais modelos mentais são, bem resumidamente, formas de pensar que influenciam e moldam a forma de fazer. O problema é que geralmente carregamos conosco modelos mentais pré-fabricados, herdados de experiências alheias e deslocadas, sem qualquer base estratégica ou conceitual.

"Aqui é desse jeito mesmo, mas ninguém sabe por quê!" Você certamente já ouviu essa frase em alguma empresa em que trabalhou, certo? Ela representa um modelo mental predefinido e, muito provavelmente, equivocado.

Uma organização que consegue promover em seus colaboradores diferentes formas de enxergar o mundo e resolver problemas, de maneira intuitiva e fluida, modifica modelos mentais, gera novas possibilidades de negócios e impulsiona nossa sociedade para um lugar muito melhor. Uma empresa do século XXI deve sempre colocar à prova os modelos mentais estabelecidos, rompendo com o *status quo*. Filtrar e priorizar o que se quer aprender, deixando para trás o que não funciona para o seu negócio e para o seu time, é parte importantíssima deste mundo sobrecarregado de informações, muitas delas falsas ou no mínimo mal direcionadas.

Sobre o diálogo, a outra disciplina dessa segunda perna no banquinho, já falamos bastante no capítulo anterior. Mas nunca é demais enfatizar que a troca de saberes, o intercâmbio de ideias e o confronto de opiniões é peça central para o tipo de aprendizado que queremos expandir e consolidar pelo ADucation. É por meio do diálogo que novos e potentes modelos vão surgir para alavancar o propósito dentro de uma empresa.

E, por fim, a terceira perna é chamada por Senge de "entender as complexidades", que se encaminha para uma única, e importantíssima, disciplina: o *pensamento sistêmico*. Como ele mesmo descreve, "um sistema é um todo percebido cujos elementos mantêm-se juntos porque afetam continuamente uns aos outros, ao longo do tempo, e atuam para um propósito comum".

É essencial que, dentro de uma empresa, as pessoas entendam que fazem parte de algo maior em que todas as partes devem interagir de forma harmoniosa. Cada colaborador precisa compreender com clareza que toda e qualquer área está interligada às demais e que toda atividade realizada, assim como o conhecimento que cada indivíduo possui, é relevante para o propósito e a gestão da marca. Tem mais: uma área deve sempre aprender com a outra. A troca é o motor do crescimento.

Unido ao sentimento de pertencimento e de relevância do papel de cada um na coletividade em um ambiente em que os modelos mentais são constantemente renovados, o pensamento sistêmico faz com que as equipes se tornem mais engajadas e cada pessoa tenha ainda mais orgulho e prazer de fazer o que faz e, principalmente, de fazer *onde* o faz. O trabalho de uma empresa dedicada ao aprendizado e ao ensino deve ser atravessado por esse olhar estruturado em todas as suas dimensões, o que vai consolidar no dia a dia o seu potencial simultâneo como *learning* e *teaching organization* e a capacidade de transformar o mundo tanto para ela quanto para os outros.

O recado aqui é que não podemos menosprezar a força da aprendizagem em equipe. Das antigas fogueiras às ágoras da Grécia, a troca de conhecimento se dá através das relações interpessoais. Mesmo os "autodidatas" buscarão o conhecimento no conteúdo já pensado e produzido anteriormente.

Por isso o aprendizado em grupo deve ser encarado como uma atitude central se quisermos desencadear um movimento de *lifelong learning* dentro de uma empresa.

E isso vale para desde a padaria e a loja de discos à agência de comunicação e à multinacional de combustíveis. Você pode ter um único funcionário, um pequeno grupo de doze, pouco mais de cem ou milhares de colaboradores espalhados por filiais em dezenas de países. O princípio é o mesmo, sempre: todos precisam aprender juntos, tendo como fio condutor o propósito da empresa e, a seguir, serem determinados a espalhar todo esse conhecimento para fora da empresa através do ADucation.

Quando trocamos ideias com outras pessoas, compartilhamos o que estamos aprendendo. O aprendizado em grupo é exponencial e, aliado ao propósito, pode, sim, mudar o mundo. Mas, nesse ponto, voltamos a frisar que o ADucation precisa acontecer dentro da empresa antes de alçar voo.

Repertório e experiências

Com seu propósito bem estabelecido e difundido internamente, uma empresa está capacitada a idealizar e planejar projetos capazes de alcançar mais pessoas e estabelecer novas conexões e interações com o público por meio do ADucation. É a hora de mapear todas as iniciativas que a organização gostaria de realizar para alcançar o objetivo final de educar o público sobre aquilo que acredita ser seu propósito transformador massivo.

Nesse momento, a marca vai definir as experiências e vivências que oferecerá para permitir a seu público acessar a maior quantidade possível de possibilidades de aprendizagem. Esse é o parque de diversões do ADucation, onde podemos sentir, experimentar, intercambiar, conhecer, conversar, errar e, é lógico, acertar. Nesta etapa, criamos ativa e intencionalmente iniciativas que tenham conexão com o movimento que desejamos provocar no mundo. É o que chamamos *feelset*: depois de estabelecido o *mindset*, devemos senti-lo de maneira prática.

Vamos começar pela padaria. O que esse negócio pode oferecer para transmitir seu propósito ao público via aprendizado? O ADucation pode acontecer até na embalagem do pão, trazendo impressa uma lista dos seus ingredientes e informações sobre todos eles relacionadas às mais diversas disciplinas, da biologia à história, passando pela culinária e a agricultura. Qual é a origem daqueles produtos? Como, quando e por quem eles começaram historicamente a ser cultivados e combinados? Por que são de qualidade? Por que fazem bem às pessoas? Por que podem ser *transformadores*?

Mas esse é só o começo. A padaria pode ainda oferecer workshops, presenciais ou on-line, que ensinem as pessoas a fazer um pão tão bom quanto o dela. Sabemos que isso pode parecer um tiro no pé, dando a impressão de que a empresa está espalhando por aí suas receitas secretas e que todo mundo vai começar a fazer o próprio pão perfeito, deixando de lado o da padaria. Mas na prática não é isso o que acontece. Muito pelo contrário. O processo resulta em uma fidelização do público ao propósito da padaria e, consequentemente, em sua marca. Novos clientes chegarão a ela por esse caminho. O negócio então deixa de ser apenas uma fábrica de pão e se torna uma *mentoria*. Ele deixa de ter clientes e passará a ter *discípulos*.

E a agência de comunicação? Bem, essa empresa pode começar oferecendo cursos presenciais a seus clientes sobre comunicação não violenta e a importância do diálogo no mundo contemporâneo e depois — por que não? — produzir um conteúdo on-line, aberto a todas as pessoas, sobre esse mesmo tema.

A loja de discos, por sua vez, focando no presencial (afinal, seu propósito passa pela desconexão digital), pode reunir pessoas para falar dos diferenciais dos LPs — da qualidade de som superior aos CDs, aos arquivos de MP3 e aos serviços de *streaming* às potencialidades artísticas e comunicacionais de suas embalagens e encartes — promovendo encontros entre consumidores, músicos e produtores de áudio para conversas que podem abordar diversos temas, de engenharia de som à composição musical.

Por fim, nossa multinacional de combustíveis, mesmo que atue no mercado de *business-to-business*, tem a possibilidade de convocar seus revendedores, parceiros comerciais e até órgãos oficiais para trocar conhecimentos sobre alternativas de geração de energia e estratégias para conectar as cidades, via mobilidade urbana, de maneira estratégica, impactando positivamente a qualidade de vida de seus indivíduos. Algo que — por que não? — pode se estender aos cidadãos por meio de uma produção dedicada de conteúdo nas redes sociais.

Ao consolidar essas etapas, uma empresa estará finalmente alinhada à perspectiva de *teaching organization*, disseminando o entusiasmo por ensinar e aprender entre seus colaboradores e consumidores. É quando, finalmente, se dá a disseminação do aprendizado: direcionando-se às comunidades de interesse (pessoas que se reúnem em torno de temas) e de impacto (pessoas que têm o desejo de trabalhar efetivamente para realizar algo e aumentar o impacto em uma área específica), a marca constrói os portais de acesso à transformação que todo o processo foi desenhado para proporcionar.

Mas é preciso ter em mente que ninguém faz nada sozinho. A paixão pelo conhecimento nada mais é do que a paixão pela vida em sua forma mais ampla. Ao longo do tempo, é por conexão e atrito que se constroem novas ideias, novas percepções, novas maneiras de viver. É assim que geramos calor, lembra? A grande verdade é que estamos neste mundo para aquecer e ser aquecidos. A troca de calor é vital para cada um de nós individualmente e também para a construção e a evolução sociedade. E isso vale tanto para pessoas quanto para empresas.

Conexões e ecossistemas

Juntamente com as experiências, precisamos definir um repertório de caminhos de acesso aos conteúdos mais adequados à experiência proposta. Aqui, será necessária uma espécie de curadoria, cujo objetivo é analisar cuidadosamente a melhor maneira de encaixar determinado conteúdo para cada iniciativa — não com base no que se quer ensinar, mas no que o público deseja aprender.

Mas como viabilizar essa operação sem que seja necessário inchar a estrutura da empresa? A resposta é simples: criando conexões e ecossistemas.

Depois de compreendermos a fundo o propósito de nossa marca, disseminá-lo organicamente por todas as artérias da empresa e planejarmos nossas experiências, chega a hora de nos dedicarmos às conexões externas. Além de ampliar nossa atuação, esses vínculos ajudarão a consolidar um posicionamento muito mais robusto e fundamentado para a empresa.

Lembramos, mais uma vez, que o ADucation é uma sofisticada estrutura que une educação e publicidade com o objetivo de gerar movimentos de transformação. Para construir essa mudança, entendemos que é preciso andar lado a lado com outros entes que compartilhem do mesmo desejo e do mesmo olhar. Desse modo, o terceiro passo para consolidar uma *teaching organization* é a formação de um ecossistema, ou seja, uma estrutura que reúne empresas e profissionais alinhados a um propósito em comum.

O termo "ecossistema" vem da biologia, cunhado em 1935 pelo botânico inglês Arthur George Tansley, pioneiro na ecologia vegetal. Ele se refere originalmente às comunidades de seres vivos que interagem entre si e com o espaço em que estão inseridos, criando um ambiente estável. Sob a ótica da natureza, entendemos então um ecossistema como uma comunidade, rede ou conjunto de indivíduos que dependem um dos outros para se fortalecer e sobreviver no meio em que estão inseridos.

Um ecossistema de negócios segue exatamente o mesmo princípio, só que, obviamente, transposto a um ambiente de mercado. Trata-se de um conjunto de empresas de diferentes áreas que interagem entre si e, juntas, constroem um cenário propício ao desenvolvimento de todas elas e de cada uma delas.

Perceber que nossa atuação faz parte de uma entidade muito maior é um clique transcendental, um *mindset* que faz toda a diferença. Qualquer empresa que se interesse em olhar para o futuro deve estar inserida em uma rede de conexões e relacionamentos em que todas as partes dão e recebem, beneficiam e são beneficiadas, ajudam a desenvolver e se desenvolvem. A minha atuação contribui para a do outro, e vice-versa.

A aprendizagem em grupo, portanto, não deve se resumir às áreas internas de uma empresa. Ela precisa se expandir para o mundo corporativo, estabelecendo um verdadeiro circuito de organizações.

Você já deve ter visto imagens que mostram de como se dão as sinapses no cérebro — o movimento que acontece quando um neurônio se conecta a outro. É dali que vem nossa agilidade e nossa capacidade cognitiva, sendo essa relação o que de fato permite que nosso intelecto se manifeste. Um ecossistema de negócios funciona de um jeito muito semelhante: inserida em um ambiente ecossistêmico, uma empresa compartilha o que sabe, aprende o que não sabe, troca aprendizados, trabalha sua reputação e, por conseguinte, gera impacto na sociedade.

Não é coincidência que as grandes corporações do mundo hoje sejam ecossistemas. Das sete maiores empresas do mundo, seis se estruturam de maneira ecossistêmica, ou seja, se organizam em um conjunto de relações e conexões com outras empresas — inclusive concorrentes que, em muitos casos, pensam um negócio em conjunto.

> Não é coincidência que as grandes corporações do mundo hoje sejam ecossistemas.

A pesquisa The CEO Imperative Study, realizada pela EY, em 2021, com mais de oitocentos líderes de empresas que se organizam em ecossistemas, mostra que os negócios gerados pelo modelo representam, em média, 13,7% de suas receitas anuais totais e geram 12,9% em redução de custos e 13,3% em ganhos incrementais. O levantamento revela ainda que 91% deles concordam que o formato de ecossistemas aumentou a resiliência de seus negócios. E mais: em comparação a 2020, houve uma expansão do uso de ecossistemas: o número médio de relacionamentos mantidos por uma empresa aumentou de cinco para sete, com 58% delas contando com mais de quatro ecossistemas ativos.

Isso nos dá ainda mais subsídios para afirmar que, para que uma empresa se torne uma marca educadora, é preciso haver um ecossistema em atuação. É esse intercâmbio de áreas e saberes que compõe a base do funcionamento do ADucation dentro e fora das organizações.

Os ecossistemas são a fogueira das empresas nesta nova realidade que alia publicidade e educação. Ninguém aprende, muito menos educa, sozinho. É preciso haver uma permuta de conhecimentos e expertises ao redor de uma rede de negócios aquecida e pulsante.

Como, então, podemos criar nossos próprios ecossistemas de educação?

O primeiro ponto é entender que não estamos sozinhos e que precisamos da coletividade para prosperar como empresas. Modelos mais tradicionais como o cooperativismo, por exemplo, já trabalham a questão ecossistêmica em sua natureza. Há uma codependência das entidades envolvidas a fim de promover o desenvolvimento de um negócio. Os ecossistemas do ADucation seguem por um caminho semelhante, com a diferença e peculiaridade de priorizarem o ensino e o aprendizado.

Aos exemplos: a padaria se associa a uma editora de livros para contar a história — ou melhor, as várias histórias — do pão. A agência de comunicação, para difundir seu aprendizado sobre o valor do diálogo e a importância da educação não violenta, une-se a organizações da sociedade civil e conta com o apoio de grandes plataformas digitais como Google, Facebook e X [antes Twitter] para difundir essa aprendizagem. A loja de discos, partindo do propósito de unir arte e autoconhecimento, torna-se parceira de um estúdio de gravação ou de um curso de ioga. A multinacional de combustíveis realiza uma série documental sobre mobilidade urbana em coprodução com a Netflix.

Pensar em forma de rede requer um *mindset* dedicado a uma estrutura de pensamento e de negócios que considere outras empresas e parceiros, muitas vezes nada óbvios, como personagens em nossa rede de relacionamentos. Em um ecossistema podemos encontrar a complementaridade do nosso negócio para além do horizonte daquilo que nós mesmos produzimos ou realizamos. Se formos capazes de conectar o nosso propósito aos parceiros corretos, basta entendermos quais são as iniciativas que podemos desenvolver no nosso dia a dia para levarmos conteúdos adicionais, algo além do nosso produto ou do serviço que prestamos, aos nossos clientes, além de atrair novos. É dessa maneira que começamos a desenvolver nosso pensamento como um *hub* de educação. É desse modo que começamos a permitir que a educação seja parte do nosso negócio, mesmo que esse negócio não seja do setor educacional.

A estética do propósito

Já deve estar muito evidente que o ADucation é, necessariamente, uma fusão de entidades: colaboradores, empresas, projetos de educação, influenciadores, clientes. É um movimento que começa a ser gerado em um processo contínuo, coletivo e orgânico, em busca de impactar aqueles que são alcançados pelas iniciativas pensadas pela organização. Quanto maior for esse *blend*, mais o ADucation vai fluir. A mistura é poderosíssima.

Ainda que os ingredientes centrais sejam sempre muito próprios e exclusivos de cada organização, podemos partir de um passo a passo básico.

1. Pergunte-se: qual o propósito da sua empresa ou marca?;
2. Investigue e compreenda a fundo esse propósito;

3. Incentive o aprendizado em grupo dentro de sua empresa e se aproxime de seu propósito no dia a dia organizacional;
4. Idealize projetos capazes de materializar seu propósito e gerar novos aprendizados a seu público;
5. Busque se inserir em um ecossistema de negócios, estabelecendo parcerias que sejam aliadas na sua jornada de desenvolvimento em uma marca educadora — incluindo empresas de outras áreas de atuação.

Esse *checklist* reflete o potencial agregador do ADucation, que nasce no núcleo de uma empresa e se expande de forma ilimitada pelo mundo. Começa na área de RH de uma organização, que trata de disseminar sua cultura e seu propósito ao público interno. Depois passa para o departamento de marketing, que vai criar as experiências para disseminar esse aprendizado aos consumidores. Em seguida entra em cena o centro da estratégia da empresa, que parte em busca das conexões perfeitas. E em torno de tudo isso também existe uma relação com os investidores, pois a cultura e o propósito se tornam um ativo da empresa e passam a fazer sentido também para os sócios e acionistas.

E, ao fim de toda essa jornada, podemos enfim resumir o ADucation da seguinte forma: um conjunto de estratégias de marca feito para engajar a cadeia de valor da empresa, ofertando conteúdos que o público deseja aprender, pautado na transformação que essas experiências de aprendizagem oferecem.

Temos a oportunidade de criar eventos, estabelecer espaços nas redes sociais para trazer conteúdos relevantes para a audiência e promover encontros que conectem uma camada específica de clientes a algo que materialize o nosso propósito. O

ADucation pode acontecer inclusive na embalagem do produto que comercializamos (lembram do exemplo do saco de pão?). Não é necessário formular um grande programa educacional e construir uma estrutura de escola ou universidade, não mesmo. Basta que consigamos interiorizar a necessidade de que a educação seja uma aliada do nosso negócio, agregando valor e relevância à marca para abrir portas a transformações na vida dos clientes.

Independentemente da nossa atuação direta, é possível criar iniciativas que ajudem outras pessoas a entenderem mais a fundo aquilo que queremos fazer. Se você trabalha com sustentabilidade, por que não ensinar seus clientes sobre boas práticas de sustentabilidade? Se você é muito bom de logística, por que não ensinar sua cadeia de valor sobre como você pode aplicar novas técnicas em relação à logística? Se é uma fábrica de colchões, por que não criar um curso com mais informações sobre a importância do sono para a saúde da população? Estamos falando sobre a expansão dos negócios, a expansão das marcas e a educação como um canal fundamental para o fortalecimento de um posicionamento.

Falando agora com mais propriedade do que nunca, o ADucation é a força da publicidade unida ao propósito da educação. E é algo que precisa estar a partir de hoje no DNA de cada empresa: a publicidade pode educar e toda empresa tem o papel de fazer parte do processo formativo dos seus clientes para, com isso, agregar valor a suas marcas, abrir novas possibilidades de negócios e propiciar transformações para ela mesma, para seu público e para o mundo. Por isso chamamos o ADucation de uma revolução da educação.

Mas é uma revolução que segue um curso natural, pois toda empresa ou marca sempre teve uma quantidade enorme de conhecimento instalado em si. Isso não pode ficar restrito a quatro paredes. Com a publicidade se integrando com a educação, uma empresa vai difundir esses saberes, evidenciando-os ao mundo ao mesmo tempo em que os expande e os traduz como valor para sua marca e para seu negócio. As organizações do século XXI precisam enxergar seu potencial como pontos de aprendizagem, como escolas dos tempos modernos, porque é exatamente isso o que são. Com o ADucation, uma marca se desenvolve ao mesmo tempo em que desenvolve a sociedade.

Atenção: não estamos insinuando que as empresas devam abandonar por completo a propaganda. Longe disso. O ADucation continua sendo propaganda, mas de uma outra maneira, com uma outra estética: a estética do propósito. O que o ADucation está dizendo, claramente, é "pare de falar e comece a ouvir!". É que devemos usar a propaganda não apenas para passar uma mensagem, mas também para, principalmente, criar comunidades e, a partir delas, incentivar movimentos.

> A educação gera engajamento, o engajamento gera novos públicos e, pelo ADucation, esses novos públicos podem ser fidelizados a custos muito mais reduzidos do que usando a publicidade tradicional.

A educação gera engajamento, o engajamento gera novos públicos e, pelo ADucation, esses novos públicos podem ser fidelizados a custos muito mais reduzidos do que usando a publicidade tradicional. Se antes precisávamos escolher uma mídia para anunciar e pagar por ela, hoje podemos criar nossos próprios podcasts, canais no YouTube e portais próprios. A publicidade não demanda mais intermediários e por isso mesmo não precisa ser *temporal*.

Vamos tratar aqui do caso real de uma empresa de cosméticos. No Dia das Mães, ela lançou uma campanha para abrir uma "conversa acerca dos julgamentos que mães recebem", propondo uma reflexão sobre o assunto "através de um olhar mais empático e acolhedor" e compartilhando "depoimentos que nos ajudam a refletir sobre os julgamentos que geram esse sentimento de culpa e de receio em muitas mães". Uma ideia incrível e muito bem-vinda nos dias de hoje, quando tantos *influencers* parentais e celebridades adoram divulgar em seus perfis no Instagram rotinas familiares impecáveis e, obviamente, orientadas por um ideal utópico de perfeição.

As mães impactadas por esses conteúdos certamente ficaram sensibilizadas e emocionadas, se sentiram acolhidas, mas continuaram sendo julgadas pois, afinal, a ação terminou no próprio Dia das Mães. A pergunta é: por que não perpetuá-la via ADucation, estabelecendo um movimento da marca? A empresa despendeu uma fortuna fazendo vídeos maravilhosos e comprando *publiposts*, e anúncios na TV enquanto poderia ter investido 5% de tudo o que gastou para eternizar esse propósito criando, por exemplo, uma comunidade de troca contínua com especialistas e fazendo uma temporada ininterrupta de encontros por todo o país. A marca continuaria vendendo — na verdade venderia cada vez mais — e levaria a outro patamar a proposta de aliviar o sentimento de culpa em muitas mulheres. Da maneira pela qual a campanha foi executada, no entanto, pareceu que a empresa estava simplesmente vendendo, e não vivendo, um propósito.

Talvez seja medo de que aquilo não pareça algo legítimo, de a organização não ter "lugar de fala" sobre o tema. Mas as marcas, quando imersas e engajadas com seu propósito, têm, sim, esse lugar de fala, e precisam, para o bem de todos, reivindicá-lo. A legitimidade, neste exemplo, está na dor da mãe e no conteúdo que a empresa tem para ajudar a aplacar essa dor. Se ela realmente acredita que as mães precisam viver sem culpa, sem ser julgadas, devem, sem sombra de dúvida, criar um movimento. A marca tem condições de engendrar o maior movimento de maternidade sem culpa do Brasil. Dessa maneira ela estaria gerando a faísca que acenderia o fogo, enquanto o calor seria propagado pela própria comunidade a movimentar o tema.

O que queremos explicitar com esse exemplo é que o ADucation deve ser contínuo, perene e escalável. O grande desafio é o de despertar a consciência do público de maneira cada vez mais ampla e concreta sobre o propósito da marca. O ADucation, portanto, não acaba nunca: marca e público vão crescer juntos, se desenvolver juntos, se transformar juntos. É um caminho sem volta. Ainda bem.

Por fim, podemos somar um sexto item àquele passo a passo de como transformar a sua empresa em um *hub* de educação: garanta a continuidade dos seus projetos e experiências, fazendo com que deem origem a comunidades de interesse ou de impacto. Ensine seus clientes e aprenda com eles, num ciclo ininterrupto. Quando não há continuidade também não há ADucation. É *lifelong learning*, lembra? Para a vida toda.

Mas, insistimos, esses são apenas alguns passos. Não existe um roteiro geral, uma receita única. É, como dissemos, um *mindset*, um conjunto de valores capaz de influenciar e moldar ações e comportamentos. As possibilidades práticas do ADucation são infinitas, mas partem de características muito singulares de cada empresa.

Possibilidades e diferenciais

O verdadeiro aprendizado transcende a limitação de conteúdos programáticos, materiais formatados e saberes enciclopédicos. A educação se desenvolve e pode ser apresentada em diferentes espaços, formatos e situações, muitas vezes, inclusive, em contextos absolutamente inesperados e inovadores. A educação prescinde de salas de aula, sejam elas físicas ou mesmo virtuais. O aprendizado ocorre enquanto vivemos, enquanto nos relacionamos, enquanto consumimos.

O ADucation, em sua totalidade, engloba diversas camadas de elementos, forças e estratégias para que o aprendizado possa se dar pela combinação de propósito, ecossistema e movimento, fortalecendo marcas e gerando transformações que levem empresas a se tornarem relevantes para a sociedade. Com ele construímos comunidades engajadas, geramos valor às marcas e criamos oportunidades de negócios.

Mas tudo isso é realizado sem o uso de fórmulas fixas, cartilhas dogmáticas e gabaritos predeterminados. Os caminhos do ADucation são individualizados, pois nascem do propósito único de cada empresa. É por isso que as possibilidades são tão múltiplas. O propósito é o que move as organizações de maneira intencional por caminhos únicos e originais. Cada marca desenhará seu próprio mapa.

Um bom exemplo do uso da educação para criar conexões profundas com o público-alvo é a Apple. A gigante de tecnologia tem realizado encontros em suas lojas durante os quais pessoas compartilham experiências, aprendem e se relacionam.

Nesses encontros, os produtos da Apple demonstram o potencial humano diretamente ligado à marca. A proposta é fixar na consciência dos participantes a ideia de que "pessoas incríveis criam coisas incríveis com a Apple". Eis um propósito bem consolidado. A partir dele, a Apple Store se torna a praça de uma cidade, uma ágora da Grécia Antiga, onde homens e mulheres de todas as idades se encontram para aprender por meio da troca de ideias e de experiências. O que os une é a *visão compartilhada* de que Peter Senge tanto falava.

Cada Apple Store tem uma programação própria de aulas, ministradas pelos chamados *creative pros*, pessoas altamente criativas, entusiastas da tecnologia, da fotografia, da música, da arte e da programação que usam os produtos Apple para dar vazão a suas paixões e a seus talentos potenciais. É ADucation na veia: com esse evento, a Apple se promove de maneira orgânica ao mesmo tempo que gera alto impacto para seus usuários e futuros consumidores em forma de aprendizado. E o movimento é constante, com uma troca de conhecimentos e de papéis que se amplifica e se expande para muito além dos encontros.

Outro exemplo, bem diferente, é o do biscoito Passatempo, para o qual a Nestlé lançou em 2022 uma ação que aborda educação e aprendizagem de forma lúdica. Por meio de imagens desenhadas nas bolachas recheadas, a marca conseguiu divulgar conhecimento sobre a Língua Brasileira de Sinais (Libras) e estimular a inclusão entre os consumidores. A ação foi um sucesso, tendo repercutido de maneira muito positiva nas redes sociais e na imprensa. Mas podemos chamá-la de uma ação de ADucation? Enquanto escrevemos este livro, ainda é cedo para dizer. A iniciativa precisaria ser parte de um movimento maior, alinhado ao propósito da marca, e se desenvolver de maneira contínua em propostas e projetos constantes. Pois sem movimento o ADucation não se completa.

Movimento: se a Ambev desenvolvesse um curso de gestão para seus quatrocentos mil clientes donos de bar e restaurante ajudaria essas empresas a ter um melhor resultado em seus negócios e, portanto, vender mais. A maior empresa de bebidas do Brasil não estaria apenas se esforçando diretamente para vender mais cervejas e refrigerantes; prestando esse serviço de ADucation na área de gestão, ela também compartilharia e divulgaria sua visão e seu propósito, fazendo com que bares e restaurantes se tornassem aptos a vender mais cervejas e refrigerantes. Consequentemente, a Ambev obteria mais lucro, o restaurante obteria mais lucro e os consumidores também seriam beneficiados pela profissionalização do setor. A interação entre marca, clientes e o público como um todo se daria de maneira borbulhante, ininterrupta e em um *feedback* tão constante quanto crescente. É um movimento sincronizado entre mercado e sociedade.

Mas vale destacar que o ADucation não tem nada de benemerente. É zero demagogia, zero remorso social. Não estamos falando de caridade, daquela visão ultrapassada de que "estou ganhando muito dinheiro, então tenho que devolver um pouco para o Brasil". Estamos falando justamente de ganhar dinheiro *ao* fazer algo pelo país. O propósito vende, o propósito divulga, o propósito ajuda a marca. E a educação é, seguramente, o meio mais barato e eficiente de realizarmos isso.

O ADucation acaba transformando, de maneira natural e orgânica, via aprendizado, *storytelling* em *storyselling*: mais vendas, mais lucros, mais resultados, e sempre de maneira legítima. Ao mesmo tempo que dá lucro, isso muda o mundo. Com o ADucation, além de contribuir com a sociedade, a empresa ganha dinheiro. Reformulando: com o ADucation, uma empresa ganha dinheiro justamente porque está contribuindo com a sociedade.

E hoje, com a evolução do universo digital, em que tudo pode ser apresentado e gerido por meio de uma plataforma exclusiva e própria, cada marca tem a capacidade de interagir diretamente com seu público, propiciando uma análise de performance individualizada e otimizada. Podemos saber quem acessou nossos conteúdos (textos, vídeos, podcasts, eventos ao vivo e muito mais) e como interagiu com ele (o que viu, o que reviu, o que ignorou e muito mais). Podemos usar o *big data* em nossos CRMs, filtrando o que mais interessa e engaja cada pessoa. Temos a oportunidade de formar comunidades que — por que não? — podem vir a se transformar em movimentos autônomos nos quais a empresa despontará, organicamente, como uma liderança. Estabelecemos, assim, uma proximidade muito maior do público, aprimorando a capacidade de formar evangelistas e advogados de nossas marcas.

E tudo isso, mais uma vez, com transparência — com o apoio e, mais importante, em parceria com os consumidores.

De acordo com a pesquisa Experimental Marketing Content Report 2020, 72% das pessoas têm uma visão positiva de marcas que entregam conhecimento, enquanto 74% admitem que se engajam mais com aquelas que proporcionam experiências de conteúdo memorável e útil. Está mais do que posta a tendência à preferência por aquela marca que presta um serviço e não apenas informa.

Assim, o ADucation oferece de cara um diferencial muito grande em relação aos concorrentes. Enquanto os outros ainda estão com os dois pés fincados na publicidade tradicional, preocupados somente com a mensagem do "compre aqui o meu produto, use aqui o meu serviço", você e sua marca, que já entraram na era do ADucation, estarão olhando além, preocupados com seus clientes, ofertando outro tipo de negócio, um do qual, mais do que simplesmente se conectar, eles podem de fato fazer parte. Um espaço de aprendizagem e de conexões que agregam tanto ao negócio em si quanto ao dia a dia das pessoas.

A grande sacada do ADucation é buscar formas de unir pessoas em torno da sua marca. Então nunca se esqueça: se você tem um negócio, certamente tem muito a oferecer além do produto em si — e, consequentemente, tem muito a ensinar. Entender isso, consolidar esse *mindset*, já é um diferencial gigantesco em relação à concorrência.

Outro ponto é que, inserida em um ecossistema, sua empresa sempre poderá contar com parceiros prontos para lhe estender a mão nas horas mais difíceis. Esses parceiros certamente vão ajudar a encontrar caminhos que, sozinho, você talvez não consiga percorrer. Essa é uma das grandes vantagens da criação desse *hub* de contribuição mútua: você oferece oportunidades para que um parceiro possa melhorar seu negócio, enquanto ele faz o mesmo por você. Todo mundo sai ganhando.

Por fim, tudo isso gera uma transformação dentro do seu próprio negócio. Sua marca sai de uma camada óbvia de conhecimento e segue a um outro patamar de relacionamento com seu time e colaboradores. Todos são desafiados a pensar de maneira ecossistêmica, imaginando, criando e produzindo para além do básico e do esperado. Como já dissemos, é por isso que hoje os maiores negócios do mundo são comunidades de negócios, com parceiros muitas vezes pouco óbvios. O tempo em que aquela empresa que vendia móveis só podia vender móveis ficou no passado. Hoje em dia, sem deixar de vender móveis, ela pode ser um *hub* tecnológico voltado à educação, com uma série de conexões com parceiros de áreas diversas.

Podemos resumir as principais vantagens do ADucation em seis pontos:

1. Fortalece a comunidade em torno da marca;
2. Incrementa a percepção dos atributos da proposta de valor da marca, enfatizando o propósito da empresa e sua função na sociedade;
3. Propicia um grande reforço institucional, pois quem ensina algo em geral é visto como líder (por mais que continue aprendendo) e se consolida como referência no tema;
4. Aproxima uma marca, de fato, a uma causa de interesse da sociedade, colaborando com a busca por um mundo melhor;
5. Amplia e facilita a inteligência de dados;
6. Impulsiona a criação de ecossistemas, aumenta a resiliência de uma empresa, eleva as possibilidades de atuação e estimula a equipe.

Não restam dúvidas de que vivemos a melhor das quatro fases da propaganda entre todas as que abordamos no segundo capítulo. E, mais do que isso, talvez seja esse o grande movimento que o Brasil necessita, um país que sofre de muitos tipos de fome, inclusive de educação e informação. Com todos os problemas decorrentes da pandemia de Covid-19, que afastaram ainda mais os jovens das escolas, é urgente consumar essa aliança entre o marketing e a educação.

> O ADucation não é apenas um conjunto de técnicas para aumentar o resultado das empresas: ele pode ser uma ferramenta legítima de transformação da nossa realidade.

O ADucation não é apenas um conjunto de técnicas para aumentar o resultado das empresas: ele pode ser uma ferramenta legítima de transformação da nossa realidade, disseminando educação para mais pessoas por meio de experiências de aprendizagem oferecidas e protagonizadas pelas marcas.

A difusão do ADucation

A meta inicial do ADucation é despertar em cada pessoa a vontade de aprender, de buscar, de ser cada vez mais ela mesma. É o resgate da chama viva do aprendizado dentro de cada ser humano: o aprendizado é um fogo que não se apaga nem com o mais forte dos vendavais. É o calor que não arrefece nos dias mais frios.

Queremos difundir o ADucation porque acreditamos que o ato de aprender pode estar presente em cada pequeno detalhe de nossa experiência cotidiana. Gostamos de nos apresentar como sonhadores-práticos ou, talvez, idealistas-realistas. Foi por isso que decidimos escrever este livro: acreditamos ser possível resolver os grandes desafios humanos com a educação, buscando soluções para o mundo por meio da criatividade e desenhando-as de tal maneira que funcionem com todo e qualquer tipo de pessoa. E entendemos ser possível chegar lá transformando o propósito das marcas em experiências de aprendizado aplicáveis à vida dos consumidores.

É uma potente estratégia de marketing. O ADucation pode levar a educação até onde ela nunca esteve e amplificá-la em todos os lugares. Enxergamos essa nova ferramenta como uma grande praça com múltiplos conteúdos, onde todos podem escolher suas jornadas de aprendizado; afinal, a educação não vem daquilo que querem nos ensinar, mas do que queremos aprender. Quanto mais opções tivermos à disposição, maior será a nossa chance de encontrarmos aquilo que desperte em nós a vontade do aprendizado e do crescimento.

Também devemos lembrar que a palavra "educação" vem do verbo em latim *educare*. Sua etimologia mais primitiva gira em torno de "levar, conduzir, guiar". *Educare* era usado no sentido de *criar, nutrir e fazer crescer* uma criança. E é isso o que está na essência da educação: o significado filosófico dessa palavra é tornar o aprendizado real, é ir além da potência, da vontade do saber e alimentar o conhecimento a largas colheradas.

Dividir conhecimento é transformar a vida das pessoas para melhor. É permitir que sonhos, vontades e possibilidades se desenvolvam e se tornem reais. Educar é pertencer ao mundo e, paralelamente, participar de sua criação contínua.

No fundo, a educação é a chave para desbloquear o futuro que sempre sonhamos viver. Porém, embora a ideia de abordar a aprendizagem como movimento e a educação como paixão nos dominasse desde o início, questionávamo-nos muito sobre a maneira pela qual isso deveria ser feito. Se aprender era algo tão prazeroso para nós, por que, ao pensarmos na escola, em seu modelo tradicional, não sentíamos a mesma empolgação?

A resposta a essa pergunta você já sabe: a educação formal nos moldes atuais não nos atende mais. É uma prisão em muitos sentidos, principalmente no que se refere a ideias e à criatividade. O desafio hoje é resgatar o conceito das *scholés* gregas e adaptá-lo ao mundo contemporâneo. O avanço da humanidade acontece quando há diversidade de pensamentos, troca de ideias e autodesenvolvimento. Precisamos resgatar a função das velhas fogueiras, em torno das quais o conhecimento humano se difundiu e se ampliou ao longo de milênios. Devemos (re)construir uma cultura de aprendizagem que possa se dar, também, em um *happy hour* com amigos, em um evento de *networking* ou em uma simples e despretensiosa pausa para o café. Todos esses são momentos propícios a uma grande e contínua aprendizagem.

A possibilidade de retomarmos alguns dos conceitos mais essenciais da natureza humana, questionando o que e o quanto podemos (re)aprender com eles, é o ponto de virada para sermos capazes de extrair o potencial máximo de nossas vidas e criar negócios que podem realmente mudar o mundo.

Essa, então, é a missão do ADucation pelo ponto do vista mercadológico: acreditamos na transformação de todas as marcas em *teaching organization* intencionais.

Acreditamos que há um grande potencial de transformação e relevância em organizações ao construírem projetos de educação que se conectam com seu propósito e com a cultura da empresa. Queremos extrapolar a dimensão educacional, promovendo o conhecimento em diferentes lugares e experiências. Nosso objetivo é levar mais empresas a terem um encontro verdadeiro com suas causas, reverberando-as em movimentos transformacionais por meio da publicidade, da educação e do aprendizado.

E é justamente sobre aprendizado que se trata toda esta conversa. Nunca paramos de aprender. À medida que avançamos, vamos adquirindo novos conhecimentos, ampliando nosso olhar e colocando em prática um processo ininterrupto de aprimoramento e aumento do aprendizado. Você não faz ideia do quanto aprendemos escrevendo este livro. Esperamos que tenha sido tão proveitoso para você quanto foi para nós.

EPÍLOGO

Manifesto ADucation

Agora que você chegou até aqui, gostaríamos de perguntar: este é um livro de negócios ou de educação? Gostamos de classificá-lo como um livro de educação para quem tem um negócio — mas não, é lógico, necessariamente como um livro para quem tem um negócio na área de educação.

Afinal, como esperamos que tenha ficado esclarecido, o ADucation é um grande *blend*, uma integração multidisciplinar e multissensorial, com a qual pretendemos convocar o maior número possível de pessoas a participar de uma potente discussão que até então estava restrita a uma ordem mais estrutural. A educação costuma ser discutida dentro das escolas, das universidades e dos governos, mas a grande crise do modelo educacional que hoje domina e pauta a nossa sociedade diz respeito a todos nós: é uma crise humana e humanitária.

O mundo certamente seria um lugar maravilhoso se essas instituições pudessem tirar da cartola, agora mesmo, uma nova educação, apresentando formas e formatos mais aderentes à necessidade que temos hoje de aprendizado para enfim conseguirmos formar seres humanos preparados para a vida neste tão magnífico quanto complicado século XXI. Isso, infelizmente, não é viável.

Nessa hora voltamos mais uma vez a Platão: "Tente mover o mundo. O primeiro passo será mover a si mesmo", afirmou o grande filósofo. E é isso mesmo: não podemos transferir toda a responsabilidade pelo fracasso do aprendizado às instituições de ensino e ao governo.

Precisamos dar o primeiro passo. Para nós, esse primeiro passo é o ADucation. Isso significa que devemos convocar empresas, organizações e pessoas as mais diversas para mostrar que a responsabilidade nessa discussão sobre o aprendizado é também delas. Esse movimento é delas. É seu. É nosso. Precisamos agregar novas entidades à conversa, gente com um desejo poderoso de aprender e compartilhar conhecimento — de dentro para fora, de fora para dentro. Essa é a educação que nós, que não somos escola, que não somos governo, devemos incentivar e propagar.

Tem uma história que sempre gostamos de contar. Imagine que uma criança precise aprender a atravessar uma avenida muito movimentada. Um professor veio ajudar — ou melhor, *ensiná-la* a fazer isso. Ele olhou para a criança, puxou uma lousa e explicou toda a teoria envolvida na travessia de ruas. É um professor experiente, que dá aula há algumas décadas, depois de ter aprendido sobre atravessar ruas nas melhores universidades, embora nunca tenha de fato, atravessado uma. Depois de dada a lição, ele manda a criança provar que aprendeu. E, depois de atravessada a rua, ele avalia seu desempenho dentro de uma escala de zero a dez. Essa é a educação formal.

Hoje está muito em voga também um outro tipo de educação, a promovida pelos *coaches*. Eles hoje são vendidos — e, principalmente, se vendem — como os salvadores. Cada um deles tem a oferecer cinco passos simples para atingirmos qualquer objetivo em nossas vidas com base na alta produtividade. É um *coach* que chega para a criança lá na calçada e fala assim: "Me dá a mão. Eu nunca atravessei uma rua, mas a gente vai fazer isso juntos." E assim fazem.

Mas, além do professor e do *coach*, existe o mentor, que olha para a criança e diz assim: "Eu vou atravessar a rua. Presta atenção em como vou fazer e depois descubra como funciona para você. E atravesse do seu jeito."

O ADucation, e todo o conceito de educação e aprendizado em que acreditamos, está muito ligado a essa figura do mentor. Não é ser uma autoridade, não é ser o dono das regras, não é ser o detentor de todos os segredos da existência. É, simplesmente ser uma fonte de inspiração. Uma fonte de diálogo e de troca. Porque o mentor vai olhar com atenção a maneira pela qual a criança atravessa a rua e tirar também algum aprendizado dali. O *feedback* será constante, com o aprendizado se estendendo por toda a vida.

Chega de gurus! Vivam as pessoas, vivam as marcas educadoras, vivam as perguntas, vivam as descobertas! Precisamos encarar o presente como a era da autorresponsabilidade. Cada um de nós deve ser responsável tanto por querer aprender quanto por querer ensinar. Nada é sobre o outro, tudo é sobre você — sobre o que você quer aprender. Sobre a sua vontade de dividir aprendizados com o resto do mundo.

> Chega de gurus! Vivam as pessoas, vivam as marcas educadoras, vivam as perguntas, vivam as descobertas!

Vamos trazer de volta aquilo que falamos lá no início: apenas 10% do aprendizado é obtido pela educação formal, enquanto 20% têm origem nas relações interpessoais e todos os 70% restantes se dão pela experiência direta. Foi exatamente isso o que o mentor colocou em prática com a criança na rua. É isso o que o ADucation faz.

É um movimento que favorece todos, as empresas e a sociedade, porque, de maneira integrada, tem o incrível potencial de resgatar o ser humano que vem sendo robotizado e automatizado pelos algoritmos. Não podemos perder nossa habilidade mais bela e humana, que é de imaginar, de sonhar, de pensar, de criar. Vamos tirar a educação desse grande caixote onde todo mundo tem que ser igual, saber as mesmas coisas, fazer as mesmas perguntas e ter as mesmas respostas. Somos completamente diferentes uns dos outros e é justamente nisso que reside a beleza da vida! Chegou a hora de aprendermos o que queremos e, para continuarmos aprendendo, compartilharmos o que sabemos.

O futuro da humanidade está em nossas mãos e passa obrigatoriamente pela educação. A educação que *você* faz. O que você quer aprender e o que você tem para ensinar. E não importa quem você seja, o que você faça, onde você esteja. Todos nós, pessoas físicas e jurídicas, devemos nos enxergar como agentes de transformação.

Por isso acreditamos no poder do ADucation, pois no mundo de hoje não existe força tão poderosa para criar movimento quanto as marcas. Estamos certos de que o ADucation será um grande movimento da publicidade e do mundo corporativo como um todo, porque é por ele que as empresas podem assumir a frente de um debate tão

> O futuro da humanidade está em nossas mãos e passa obrigatoriamente pela educação. *A* educação que *você* faz.

prioritário em nosso presente. Não há dúvidas de que precisamos mudar o mundo — e não há outra maneira de darmos início a essa mudança a não ser pela educação.

Este livro, mais do que um guia, é um manifesto, uma provocação para rompermos a inércia e nos tornarmos parte de um contrafluxo. São os curiosos e os inquietos que podem mudar as coisas. Pessoas que têm fome de aprender, vontade de compartilhar, necessidade de crescer e se desenvolver para, enfim, tornar este mundo um lugar muito mais justo e rico.

Como disse sabiamente Martin Luther King: "Suba o primeiro degrau com fé. Não é necessário enxergar toda a escada. Apenas dê o primeiro passo."

Direção editorial
Daniele Cajueiro

Editor responsável
Hugo Langone

Produção editorial
Adriana Torres
Laiane Flores
Mariana Lucena

Copidesque
Marina Góes

Revisão
Allex Machado
Alvanísio Damasceno
Daniel Dargains
Juliana Borel
Kamila Wozniak
Letícia Côrtes
Perla Serafim
Vanessa Dias

Projeto gráfico de miolo
Douglas Watanabe

Diagramação
Ranna Studio

Este livro foi impresso em 2023,
pela Reproset, para a Agir.